明治史研究の最前線

小林和幸 編著

Kobayashi Kazuyuki

筑摩選書

明治史研究の最前線　目次

明治史研究の最前線

はじめに——新しい明治像を考える

小林和幸

明治とは、いかなる〝時代〟であったのか。この問いは、近代日本の成り立ちを考えようとすれば、必ず発せられなければならない。本書は、この問いを考え、何らかの答えを得ようとする人たちのために編むものである。

幕末維新期の動乱を経て近代国家の建設に向かう明治期には、解明すべきさまざまな歴史的問題が存在する。幕末維新期の諸政治勢力の位置づけとその競合、近世の統治身分の解体要因、新しい近代的な行政組織・統治機構の再構築過程、憲法制定・議会開設期における政党と内閣の関係構築の実相、外交とりわけ条約改正や日清・日露戦争の国際関係、あるいは産業革命に向かう経済発展過程、さらにキリスト教の流入による宗教・社会環境の変容、その他にも多くの検討課題があり、それらは今日まで多様なかたちで研究されてきた。

本書では、明治期がどこまであきらかになったのかということに問題関心を置く。明治史研究の推移と現状、到達点を示し、新しい研究視点や課題を考える。

日本近代史研究は、戦前において、明治維新の歴史的な位置づけを巡る論争や立憲政治や条約改正、対外戦争の経緯といった諸問題を扱おうとする〝明治史〟研究から始まった。戦後には、昭和史まで対象を広げ、新しい史料の発掘を伴って、大きく進展した研究分野である。

戦後、明治史は、日本近代史研究の潮流のなかで、否定的にも肯定的にも描かれてきた。前者は、往々にして昭和戦前期の一つの歴史像（強大で政治化した軍部、衰退する政党、統制を強める行政、神格化された天皇など）を明治期にまで遡及し、その原型を見いだそうとする。後者は、昭和期の高度経済成長の歴史像（めざましい経済発展、国際社会における影響力の進展、「民主化」の要求と実現）を明治期にまで遡及し、その原型や片鱗を見いだすことにつとめようとする傾向があるように思う。

また、戦後の社会状況の中で、時々に隆盛となった歴史観や価値観を、明治史に投影しようとする傾向もあった。その中には、史料に基づく実証的研究から、離れた議論も見られた。

このような明治史をめぐる状況を踏まえると、現在求められているのは、近年の近代史研究進展の上に立った着実な明治史研究を提示することであると思われる。

歴史研究は、先行する諸研究を批判し、または先行研究で等閑に付された問題の重要性を指摘して、新しい枠組みを提示するなど、既存の研究との厳しい対峙の中で発展してきた。また、同時に一部が批判されようとも、引き継がれる研究業績も存在する。戦前における実証研究、戦後における諸論争を経て、私たちは豊かな明治史の研究成果を持っている。

歴史研究を始めるにあたり、史料を博捜するとともに必要なのは、既存の研究を振りかえり、研究の到達点を考えることであろう。それが、新しい次の研究を導くものと思われる。

上記をふまえ本書は、それぞれの専門分野について、執筆者による独自の視点から、現在までに明らかにされた研究の到達点や課題を記している。

本書の構成は、明治史を考える際に、念頭におくべき諸研究、すなわち、幕末維新期の研究、内閣制度や皇室制度の創設に関する研究、明治の諸思想に関する研究、帝国議会に関する研究、明治外交史研究、経済史や地域に関する研究、明治期の宗教や社会に関する研究という大枠を各章に設定し、さらに関連する諸問題の研究について、中項目あるいは小項目のコラムの形で準備した。執筆者の方々には、専門の項目について自由にご執筆いただいている。こうした諸項目の相互作用によって、今日の明治史研究の状況が理解され、重層的な明治史の魅力が、読者に伝わることを願う。

本書が、明治史研究への理解を深めるとともに、着実な新しい研究を開く礎になれば、幸いである。

第一章　維新史研究——幕末を中心に

久住真也

維新史研究のなかの幕末史

私に与えられたテーマは、維新史研究の現状を提示することにある。まず、維新史とは学界の考え方に即して言えば、ペリー来航前後に始まる幕末の動乱から、幕府倒壊を経て明治新政府の成立と諸改革、憲法体制にいたる四〇年ほどの時期が対象となる。当該期の研究は、政治史に限って見ても戦後膨大なものがあり、ことに近年は、多彩な視点からの研究が数多く発表され、その全体像を見通すことは簡単ではない。

そのような現状のもと、筆者の力量と与えられた紙数を考えれば、視角を思い切って限定する必要がある。そこで、一九九〇年代に研究に足を踏み込んだ筆者の視点を軸に、専門分野である幕末史（特に政治史）の主要な研究動向に焦点をしぼりたい。したがって、本稿は全体的な維新史研究の動向を紹介するものではないので、それらを詳しく知りたい方は、文末の参考文献を参照いただきたい。

ところで、幕末史とは明治維新の前半部分に相当し、一般には嘉永六（一八五三）年のペリー来航から慶応三年一二月九日（一八六八年一月三日）の王政復古政変（一般には大号令）までを指すが、専門研究では、その前後を広くとることが多い。近年幕末史は最も研究が盛んと評される分野でもあるので、これに特化するのもそれなりに意味はあるだろう。また、維新史研究の一環としての幕末史研究は、一般の人々がいだく幕末イメージとは相当に異なる部分もある。専門の研究がどのようなものであるのか、専門家以外の方々に知っていただく機会になればと思う。

以下では、一九八〇年代を研究潮流の転換期として設定し、それ以前と以後に分けて見ていきたいが、その視点の設定に際しては、高木不二「幕末政治史の研究史から——私的総括と見えてくる課題」（二〇一一年）から学ぶところが多かった。記して謝意を表したい。また、本文で言及した一部の研究以外は、一括して参考文献に掲げた。

維新の政治主体研究

まずは、戦前から一九八〇年代にいたる研究動向である。戦後の維新史研究を主導したのは、戦前からのマルクス主義＝唯物史観による研究方法であった。これは皇国史観という、国家権力が強制する非歴史的な見方に対し、科学的な歴史研究の方法として迎えられ、敗戦後の民主化という流れのなかで強い力を持った。

唯物史観とは、歴史の動向を階級闘争の視点から捉え、社会の経済的諸関係の変化・発展から歴史の動きを捉えるものであり、世界史に共通の発展法則を見いだすものであった。そこでは、明治維新とは、フランス革命のようなブルジョア革命によって打倒される、絶対主義国家の成立として捉える見解が有力であった。

戦後になっても、維新史研究の古典とも言われる遠山茂樹『明治維新』（一九五一年）以降、明治維新＝天皇制絶対主義の成立という解釈は主流の地位を占めた。そのなかで明治維新の政治主体（変革の政治主体）の究明に力が注がれ、長州藩を「典型」とする倒（討）幕派と、その系譜に注目があつまった。すなわち、近世末期の天保改革、ペリー来航後の安政改革を推進した「藩政改革派」→全国的な政治運動を展開した「尊攘派」→そこから転生した「倒幕派」→「維新官僚」という政治勢力の系譜である。

この天皇制絶対主義を成立せしめた政治勢力の階級・社会基盤や、藩内の基礎構造（農業生産や経済政策）に注目が集まったが、経済的要素を政治の動向に安易に結びつける傾向は次第に批判を受け、政治史重視の提言も登場するようになる。

しかし、維新の政治主体研究という視角は依然重視され、田中彰『明治維新政治史研究』（一九六三年）というスタンダードともいうべき研究も生み出された。その一方で、長州と同じく倒幕派を誕生せしめた薩摩藩の視点から、長州藩を倒幕派の典型とする見方に批判を加え、長州藩尊攘派と対立する「公武合体派」を経た薩摩藩こそ重視すべきだという、毛利敏彦『明治維新政治史序説』（一九六七年）も現れた。

現在の地点から見て

しかし、以上のような研究傾向は、実証研究が進むにつれ史実との乖離を指摘され、さらに、一九八九年のベルリンの壁崩壊、続く東欧社会主義体制の崩壊は、マルクス主義の権威低下をもたらし、唯物史観による明治維新史研究も低調となった。また、一九八〇年代後半に入り、「明治維新＝絶対主義の成立」という見方が力を失い、それを前提にした維新の政治主体研究も主流ではなくなった。今日から見ると、政治主体の研究については功罪様々な点が指摘できるが、幕末と維新期を連続して捉え、国家権力の性格、明治維新の世界史的性格との関連を追求するという、現在は低調な理論的諸問題に取り組んだ点は注目できる。

他方で、政治史という独自のカテゴリーがそこに存在したかというと、疑問がある。一般に、政治勢力というのは多面的な性格を持っており、「倒幕派」の系譜のように単線的に発展するものではない。また、右の研究の枠組みだと、変革の政治主体である倒幕派に敗れた勢力の分析は軽視され、経済的・政治的に遅れたものとして批判的にさえ見られる（会津など東北諸藩）。さらに、倒幕派でも佐幕派でもない中間的な藩は当初より視野から落ち、天皇や朝廷は単なる倒幕派に利用される道具に成り下がってしまった。

加えて、慶応三年の大政奉還から王政復古を経て、明治初年の維新政府の成立過程も、「倒幕派」→「維新官僚」による権力奪取によって説明ができるわけではない。明治初年の維新政権の研究が一九六〇〜七〇年代にかけて原口清『戊辰戦争』（一九六三年）や、下山三郎『近代天皇制研究序説』（一九七六年）によって本格的に着手される必要があった。

以上のような諸研究は、現在の学生が参照するには、マルクス主義研究の理論や研究の時代背景を把握していないと簡単に理解できないという特徴がある。筆者のようにベルリンの壁が崩壊した一九八九年に大学に入学した世代と、二〇年ほど年配の研究者との間にも、その理解の程度に大きな差があるというのが実感である。

研究の新潮流

右の流れに並行して、一九八〇年代に入ると、それまでの方法論上の反省に立った新たな政治史研究が登場した。それは、国家目標や政治争点をめぐる幕府・朝廷・諸藩（藩主や藩士）・志士の動向を総体的に捉えようとするものである。その先駆けは一九八一年に発表された宮地正人「幕末過渡期国家論」（『講座日本近世史8』有斐閣）という論文である。これは維新変革の固有の性格を解くために、文久二（一八六二）年から慶応元（一八六五）年までの諸事件に注目し、その時期に天皇以下の支配階級によって模索された、外圧のもとで国民統合しえる国家形態を「幕末過渡期国家」と呼び、その構造と内在的諸矛盾を理解しようとした。

宮地の研究は、当時としてはかなり斬新なものであり、今まで落とされていた天皇・朝廷を軸に、諸勢力の動きと相互関連がダイナミックに追求された。今の時点で改めて読み返すと、現在の幕末史研究の主要な検討対象、論点が多く出揃っていることに気づく。それに続いたのが、原口清の一連の幕末史研究である。その出発点となった一九八七年の「近代天皇制成立の政治的背景」（遠山茂樹編『近代天皇制の成立』岩波書店）は、複雑な幕末史を総体的に捉えるため、国是（最高国家意志）樹立をめぐる諸勢力の運動・対立という視座を設定した。幕末に展開される尊王攘夷運動や公武合体運動は、いずれも最高次元において朝廷・幕府・諸侯（大名）による国是樹立を不可欠のものとし、その運動と挫折から倒幕運動や王政復古にいたる道筋を見いだした。そして、慶応四年三月の五箇条誓文を国是樹立運動の帰結として捉えたのである。原口は以後、この視角から個別の諸事件や人物の動向を再検討し、幕末史総体の見直しに向かった。

宮地と原口に共通するのは、混沌とした幕末史に国家的枠組みを設定し、一見、私的利害に基づいて対立しているかに見える諸勢力が、外圧のなかで国家的独立を維持するために有した、共通の目標を見いだそうとするものであった。対外的方針と国内方針の組み合わせのあり方（宮地はこれを「政策複合」と呼び、原口は「国是」＝最高国家意志の問題とした）を軸に、中央政局の動向をダイナミックに描き出していった。そこでは、「階級」のなかに埋もれていた個人、孝明天皇や徳川慶喜、島津久光などの個性がいきいきと描きだされた。結論を言えば、今現在の大きな研究潮流の源流と位置づけられる。

天皇・朝廷研究

宮地・原口によって切り開かれた以後の研究潮流は、筆者に言わせると「関係史」とでも呼べるものであると思う。それは、特定の政治勢力の動向を検討するに際して、絶えず全体的な動向を把握し、他の勢力との関係に留意するものである。そこでは、刻々と変わる政治状況、交わる諸勢力との関係で、特定の勢力のポジショニングは常に変化する。したがって、「勝者」や「敗者」は、あくまである時点での結果でしかない。ある時点で有力だったものが急激に「敗者」に転落することもあれば、激的に「敗者」が「勝者」に変わることもある。それは長州藩と会津藩の境遇を想起するだけで容易に理解できるだろう。

以後、研究の新潮流と交わり、あるいは影響を受けつつ幕末の個々の研究カテゴリーが登場してくる。まず挙げるべきは、天皇・朝廷研究である。明治維新が「王政復古」をスローガンとして幕府の廃止のみならず、摂関制度の廃止を伴ったことは周知のことであり、そうであれば天皇・朝廷の客観的・実証的研究は第一に重要なはずである。しかし、戦前の皇国史観のもとでは天皇・朝廷研究はタブーであり、戦後は支配階級中心の歴史への反省や戦前への忌避感から、主たる研究対象にはならなかった。

しかし、一九八九年の昭和天皇崩御を契機に天皇制への関心が高まり、そのなかで前近代の天皇研究が本格的に展開された。例えば、井上勝生「幕末政治史のなかの天皇」(『講座前近代の天皇』第二巻、青木書店、一九九三年）は安政期の孝明天皇を扱い、藤田覚『幕末の天皇』（一九九四年）は、光格・孝明両天皇に注目し、武家に操られる天皇という古いイメージを一新した。また同時期、原口清は摂関制度廃止にいたる必然性を究明する視角から幕末の朝廷研究を推進し、以後の研究の基礎を用意した。特に、外部に示される公的な天皇の意思と、個人としての天皇の意思・心情を切り分け、政治上で天皇の果たした役割を具体的に究明した点（文久三年八月一八日政変の主役を孝明天皇とする見解など）は、のちの幕末の天皇研究に大きな影響を及ぼした（原口清著作集一、二参照）。

一会桑・幕府研究

天皇・朝廷の独自性に注目が集まると同時に重視されたのが、「一会桑《いちかいそう》」と呼ばれる政治勢力である。これは、幕末の元治《げんじ》元（一八六四）年から京都で政治的・軍事的に重要な役割を果たした三者、すなわち禁裏守衛総督・摂海防禦指揮の一橋慶喜（一）、京都守護職の会津藩（会）、所司代の桑名藩（桑）の結合体を指す。一会桑は、京都で公武合体に従事する政治勢力だが、孝明天皇や皇族の実力者であった朝彦親王の信頼を得て、朝廷と深く結びつき、ときに江戸の幕閣とも対立しながら、独自に幕府権力の強化を図ろうとした（しかし、単独の政権としての実質は欠いているので、「一会桑政権」という表記は適切ではない）。

後述するように、元治～慶応期に薩摩や長州などが一時期打倒対象としたのはこの勢力であり、一会桑に注目することで、幕府対薩長という単純な図式に大きな変化がもたらされ、政治史がより立体性を増すことになった。特に家近良樹による『幕末政治と倒幕運動』（一九九五年）は、倒幕派の打倒対象としての一会桑のうち、会津藩の存在を高く評価したものであり、今まで戊辰戦争の「敗者」として悲劇的に捉えられがちな会津藩の評価を大きく変えた。それに関連して、かつては「歴史ファン」や「マニア」の研究対象と見られていた新選組が、一会桑勢力との関わりから学問的な検討が加えられるにいたった（宮地正人『歴史のなかの新選組』二〇〇四年）。これらは、維新の政治主体の究明が重視された時代には考えられなかった研究対象である。

そして、一会桑研究と並行して幕府本体の研究も進んだ。もっとも、幕府については維新の政治主体研究の時期にも一定の研究はあった。ただ、そこでは「天皇制絶対主義」に対立する「徳川絶対主義」が考察の対象となり、その推進主体とされた勢力（将軍徳川慶喜以下、勘定奉行であった小栗忠順ら「親仏派」）の分析に著しく偏っていた。しかし、近年では、「天皇制絶対主義」に連動して「徳川絶対主義」という捉え方が消滅し、一会桑研究にも影響されつつ、幕府内部の様々な政治的潮流とその政局上での役割が分析され、小栗ら「親仏派」の幕政上の位置づけも見直しが求められるにいたった（久住真也『長州戦争と徳川将軍』二〇〇五年）。

開国期研究と外交

ペリー来航前夜の開国期研究の進展もめざましい。阿部正弘政権期の対外政策や内政との関わり、条約締結過程の詳しい分析がなされ、日米和親条約の評価や安政五カ国条約による「不平等条約」という捉え方なども、近世の東アジアの外交慣例との関わりから再評価がなされている(三谷博『ペリー来航』二〇〇三年など)。これらの検討のなかで、「幕府の無知」「無能な幕吏」というイメージは一掃された感がある。また、開国派幕臣の人的系譜、それに伴う思想・学問背景などの分析が進められたほか、近世の対外関係史の成果との関連で、「鎖国」や「開国」という言葉の見直しの必要が言われ、政治史研究においても留意する必要が生じるようになった(荒野泰典ほか編『日本の対外関係7　近代化する日本』二〇一二年)。

さらに、安政五カ国条約以後の幕府外交についての研究も深化し、加えて、従来のアメリカやイギリスだけでなく、ロシア・オランダ・ドイツとの関係、中国(清)や朝鮮などの東アジア全体の動向を視野に研究が進められ、外交儀礼などの新たな研究もなされている。また、外国の一次史料を用いた研究が進展したことで、「外圧」の評価にも関わる諸外国の対日政策の実態や、外交官とは別に本国政府の方針も詳しく分析され、薩長を支援するイギリスと、幕府を支援するフランスという単純な図式も否定されつつあるのが現状である。

薩摩藩や大藩の研究

長州藩研究に比べて立ち後れていた薩摩藩研究の隆盛は特筆すべきである。先の宮地・原口両者の研究では、文久三年八月一八日の政変、翌年七月の禁門の変以降、三条実美《さねとみ》らの有力公家と長州藩が体制外的存在に転落し、国家が分裂状態になったと捉えられた。孝明天皇に睨まれたこれら「朝敵」勢力の復権は容易ではなく、行動も著しく制約された。その間、対照的に政局で存在感を発揮したのが薩摩藩である。

この薩摩藩研究の特徴としては、島津久光や家老の小松帯刀《たてわき》という、どちらかと言えば、いままで西郷や大久保という著名な人物の脇役として扱われていた人物に、注目が集まったことが挙げられる。それは、倒幕派や特定の人物の動きだけでなく、「藩」という組織としての薩摩藩の動きを押さえようとする意図ともつながっていた。その結果、薩摩藩は倒幕派の代表のように言われてきたが、藩内は必ずしも倒幕一色ではなく、実力者である久光や小松の動き、藩内の倒幕反対派も含め、その動向が再考されるようになった。

また、国家的枠組を前提とする研究のなかで、薩摩・長州のほか、有志大名を擁する越前藩、そのほか政局の要所で登場する尾張・加賀・鳥取・岡山・仙台・米沢などの大藩・中藩の研究が著しく進んだ。いずれも、「倒幕派」中心史観の呪縛から脱却したことで、研究が活発化したといえよう。

王政復古・「公議」研究

天皇・朝廷研究と薩摩藩研究の進展は、慶応三年一二月の王政復古政変にいたる複雑な政治過程の分析に結実した。なかでも、薩摩倒幕派による、「討幕の密勅」前後の公家勢力や幕府も含めた動きを再考することで、大政奉還後の約二カ月という期間が持つ豊かな政治的可能性を明らかにしたのが、高橋秀直であった（『幕末維新の政治と天皇』二〇〇七年）。高橋の研究は、今から約半世紀前に発表された原口清『戊辰戦争』の見解を継承している点も多く、両者の研究、さらに家近良樹の研究により、王政復古クーデターは徳川慶喜＝幕府の打倒を目指したものではないこと、王政復古で成立した新政府は、鳥羽・伏見戦争以後の政府と異なり、天皇よりも「公議」（諸藩の代表者の意見）原理が優位に立つ政府（したがって、天皇親政は成立していない）であることなどが、ほぼ認知されるようになった。これらの研究により、この時期の研究水準は幕末史の中でもっとも高いものになっている。一般向けには、家近の『徳川慶喜』（二〇〇四年）がそのような水準を反映したものである。

また、井上勲『王政復古』（一九九一年）が、「討幕派」に関する独自の解釈に加え、「討幕の密勅」＝偽勅説などを提示し、慶応三年の政局史についての論争的な解釈を示すなど、新書レベルの研究書としては、学界に大きな影響を与えたことも特筆される。

右に述べた「公議」については、本書のコラムで扱っているので、詳しくはそちらに譲りたいが、「公議」は「王政」とともに明治維新の正当性原理として力を持ったことは、早くから三谷博が強調しており、安政五（一八五八）年以降の政局の中で、具体的にそれがいかに政治運動として現れたかを具体的に追求した。日本近代史上で「公議」が持つ重要性は研究者の共通理解になっている（三谷博『維新史再考――公議・王政から集権・脱身分化へ』二〇一七年など）。

文久期の画期性・政治運動の推進主体

以上のように一九八〇～九〇年代以降の研究を概観するなかで、研究者のなかで共有されつつある諸点に言及しつつあるが、以下それについて改めて述べていきたい。

まず、幕末史のなかで文久期が持つ画期性である。この時期は、幕府が政権を担当する自明性が崩壊し、天皇中心の新たな政治体制への動きが明確になり、それと連動して朝廷・幕府・藩三者の関係に決定的な変動が起きるという点で、幕末史のターニングポイントとなる。そこにいたる重要な事件は数多いが、筆者は特に①文久二年四月の島津久光の率兵《そっぺい》上洛、②同年五月以降の幕府の文久改革、③翌年三月の一四代将軍徳川家茂《いえもち》の上洛・参内の三つを重視している（山口輝臣編『はじめての明治史』二〇一八年）。なかでも、将軍への政権委任が揺らいだ将軍家茂の上洛などは、幕末史全体から見て大きな事件であるにも関わらず、高校の日本史教科書などでも触れられていないのは不思議である。

次は、政治運動の推進主体を志士ではなく、藩（大名家）に置くという共通理解である。幕末は「志士が活躍した時代」と一般には言われるが、近年の明治維新研究をリードする三谷博は、維新史を「志士」で語ろうとする傾向を強く戒めている。一般に「志士」と言ったとき、それが指し示す対象は必ずしも明瞭ではないが、下級武士や豪農など藩の末端にある人々を指すのは間違いないだろう。確かに彼らはそれなりの活躍をしたが、その運動形態は、藩権力を動かし、朝廷や幕府に圧力をかけて目標を実現させようとするもので、つまり既存の組織に依存するものであった。それが出来ないとき、一部は暴走・暴発した。文久三年の一連の尊攘派が引き起こした事件がそれを物語る。

三谷は政治運動の主体として、ことに有志大名という国持《くにもち》雄藩の藩主や隠居による「公議」運動に注目する。藩主や隠居、世子《せいし》は身分制社会において藩を代表し、朝廷関係者などと接触するうえで、参内資格を付与する官位を有するなど、役割の大きさや影響力は「志士」と比べるべくもない。その一方で、彼らも藩を代表する存在として、家臣団の意向を無視して自由に振る舞えるわけではないので、政治運動の中心は藩なのである。

倒幕運動の発生時期

かつては、「倒幕運動」や「倒幕派」の存在を前提に研究が行われてきたが、現在は大きく様変わりしている（「倒幕」「討幕」の二つの表記があり、かつては区別がなされたが現在は厳密ではない）。専門研究では、一九八六年に発表された青山忠正「薩長盟約の成立とその背景」（『歴史学研究』五五七号、一九八六年）が変化の契機となった。青山は、慶応二年正月の薩摩・長州両者の密約が、倒幕の軍事同盟であるという従来の説を実証的に否定した。その方法は、木戸孝允《たかよし》が坂本龍馬に送った書状に残る、著名な「六カ条」を、幕府と朝廷による長州処分案決定の動きの中に置いて検討するという、まことに正当なものであった。盟約は「朝敵」として政治活動の自由を奪われた長州藩の復権を、薩摩が様々なケースを想定しつつ支援することが書いてあるが、幕府を打倒するという類いの文言は、かなり拡張解釈をしないと読み取れない。それ以前の研究では、薩長＝倒幕派ということが自明とされ、史料をきちんと検討してこなかったのである。

坂本宛木戸書状（薩長盟約六カ条）の一部（宮内庁書陵部）

　薩長盟約の「六ヵ条」には、「兵士（薩摩）を上方に動員し、橋・会・桑等が今のように朝廷を擁して長州の復権のための周旋を遮るのであれば、決戦に及ぶほかない」という、限定された状況下での軍事行動の可能性が想定されているが（宮内庁書陵部蔵「木戸家文書」）、打倒対象は「橋・会・桑」つまり一会桑とされている。この時期、薩摩側は基本的に一会桑と大坂の幕府本体とを分けて見る傾向があり、幕府本体の打倒まで想定していたと見るのは、やはり無理があるだろう（家近良樹『江戸幕府崩壊』二〇一四年）。

　対して、この「六ヵ条」を、あくまで倒幕を念頭に置いた軍事同盟とする論者もあるが、史料解釈上の難点が少なからず指摘されており、全体的に支持を得ているとはいいがたい。近年では、薩摩サイドの認識や意図、狙いについて本格的な研究が行われているのが現状であり、盟約については長州サイドから見た過大評価であるという見方も示されるなど、活発化している。

ところで、慶応二年正月の段階で、薩長両藩が倒幕運動を目指していないとなると、今まで「倒幕の動き」と考えられていたものや、「倒幕派」の成立時期、それに付随する諸事件の再考が必要となる。「倒幕」が意味する具体的中身も、研究者によって解釈は一様ではなく、分析が精密化した分、かえって出口の見えない森に迷い込んだ感がある。しかし、藩を挙げての幕府打倒の軍事行動は容易ではなく、反幕府的な動き＝倒幕という短絡的発想に陥らないようにしなくてはならないだろう。

様々な政治運動の評価

その倒幕運動が発生するまでには、様々な政治運動が存在している。特に「公武合体運動」と「尊王攘夷運動」も近年は議論が多い。この二つは高校の日本史教科書などを通じて一般によく知られており、両者は対立するとイメージしている人も少なくない。しかし、専門研究ではそのような見方に否定的である。そもそも「公武合体」とは、朝廷と幕府、あるいは諸藩も含めた支配階級が一致団結し、国内強化をはかるもので、攘夷を行うためにもそれは必要とされた。つまり「攘夷のための公武合体」であり、また、天皇が攘夷を固守する限り、「公武合体」のためにも「攘夷」が必要となる。例えば、長州藩の久坂玄瑞は、文久二年の木戸孝允宛書状で「攘夷が行われなければ、とても公武御合体は難しい」と述べている（『木戸孝允関係文書』3、三四二頁）。

文久二年以降、将軍徳川家茂と在京幕閣が無謀とも言える攘夷を承諾せざるをえなかった理由はここにある。

ところで、「攘夷」は単純な外国人襲撃や外国船打ち払い行為ではない。長州藩に見るように、主導的な人々は外国に勝てると単純に信じていたわけではなく、将来的な開国を見越して国内を必戦態勢に置き、改革を行うことに主眼があった。そう考えると、攘夷は様々な国内体制との組み合わせがありえるわけで、「公武合体」がそこから排除される理由はないのである。

徳川慶喜像（茨城県立歴史館）

一方、その公武合体路線については、原口清の見解によれば、①幕府が朝廷尊崇を前提に後者を独占し、雄藩を政権から排除するもの（一橋慶喜が中心に推進）、②雄藩が朝廷・幕府の改革を前提に、両者の結合を図り、自らも政策決定に割り込むことを意図する構想（薩摩・越前など）があり、孝明天皇の支持を受けた①が一時的に実現するとされる（前掲原口論文）。また、これ以外にも公家サイドからの公武合体論も存在するなど、「公武合体」の意味するところは多様であり、複雑な幕末史を分析する用語としての有効性に疑問が呈されてもいる（高木不二『横井小楠と松平春嶽』二〇〇五年など）。

しかし、この「公武合体路線」の研究から、幕末のキーパーソンの一人である徳川慶喜の行動パターンなども分かってきた。つまり、慶喜は、文久～元治期の政局のなかで天皇・朝廷の価値を知り抜き、それとの結合を一貫して追求した人物だということである。かつてのように、慶喜を朝廷や諸藩を圧倒する「徳川絶対主義」を目指したとする理解は、学界レベルでは低調である。何かと議論の多い、慶喜の大政奉還後の構想や、王政復古政変前後の行動を考えるうえでも、押さえておく必要がある。

課題として

このように、誰もが知る幕末のキーワード、「倒幕運動」「尊王攘夷」「公武合体」「薩長同盟」などが次々と再検討され、その歴史用語としての見直しも含め、新たな幕末史像を描くべく研究者が取り組んでいるのが幕末史研究の現状である。それと同時に、今度はその「幕末史」を、維新史のなかにどう位置づけていくかが問われるようになっている。現在の維新史研究全体の成果を見渡すのは容易ではないが、少なくとも王政復古以後では、本書のコラムが扱う戊辰戦争から版籍奉還・廃藩置県、秩禄処分（コラム参照）などは、幕末期に蓄積された諸問題の解決という性格を持っている。維新史研究者の高木不二が述べるごとく、一九八〇年代後半以降の研究潮流は、マルクス主義的研究から研究者を解放し、研究対象と分析視角の多様化をもたらしたが、幕末史を含む、維新史研究が活性化した反面、全体的な連関、見通しがつけにくい状況にある。しかし、筆者はこれを新たな研究動向にいたる、過渡期の現象として前向きに捉えたい。

また、最後に専門研究の立場から、一般の幕末認識とのズレについて述べておきたい。分かりやすい例として坂本龍馬がいる。龍馬人気は国民的と言えるものだが、ここ二〇年ほどの専門研究のなかで、同人が占める比重は決して高くはない。そのズレの原因はどこにあるのか。それは主に歴史学の方法論と関係するだろう。すでに述べたように、現在の研究では、「志士」や脱藩士のような人物よりも、藩をバックにした人々の動きに第一に注目する傾向にある。薩長盟約を例に取れば、小説とは異なり坂本は主役ではない。主役の座は、藩に影響力を持つ西郷・小松（薩摩）、木戸（長州）が占めることになる。しかし、これが当時の実態を反映したものなのである。

つまり、坂本に限らず、人物を評価する際は、その時代の政治や社会の仕組みを理解したうえで、全体のなかでの位置づけが重要である。各自が置かれた条件によって、それぞれが果たし得る役割は異なり、各々に相応しい評価が与えられる。そこに現代人の価値観や理想がストレートに投影されやすい坂本像と、ギャップが生まれるのであろう。

また、現在の幕末史の成果によれば、「薩長」や「志士」だけで維新を語ることはもはやできない。しかし、そのような語りは依然強固であり、ジャーナリズムや政治の世界でも力を持つ。研究の世界と一般の認識は別ものとして割り切る方法もあるが、研究の成果を社会に還元することは研究者の使命でもある。簡単ではないが、筆者は一般の人々の認識に働きかけるような、新たな魅力的な「問い」の立て方を探求していきたいと思う。

主な参考文献（一般読者を想定し、原則として単行本に限定した。配列順序は本文の展開に合わせた。そのため同一著者の本もまとめていない）

遠山茂樹『明治維新』（岩波全書、一九五一年／岩波文庫、二〇一八年）
石井孝『学説批判明治維新論』（吉川弘文館、一九六一年）
田中彰『明治維新政治史研究——維新変革の政治的主体の形成過程』（青木書店、一九六三年）
毛利敏彦『明治維新政治史序説』（未来社、一九六七年）
原口清『戊辰戦争』（塙書房、一九六三年）
下山三郎『近代天皇制研究序説』（岩波書店、一九七六年）
宮地正人『天皇制の政治史的研究』（校倉書房、一九八一年）
原口清『幕末中央政局の動向　原口清著作集1』（岩田書院、二〇〇七年）
同『王政復古への道　原口清著作集2』（岩田書院、二〇〇七年）
井上勝生『幕末維新政治史の研究』（塙書房、一九九四年）
藤田覚『幕末の天皇』（講談社選書メチエ、一九九四年／講談社学術文庫、二〇一三年）
家近良樹『幕末の朝廷——若き孝明帝と鷹司関白』（中公叢書、二〇〇七年）
同『幕末政治と倒幕運動』（吉川弘文館、一九九五年）
同『歴史を知る楽しみ——史料から日本史を読みなおす』（ちくまプリマー新書、二〇一八年）
宮地正人『歴史のなかの新選組』（岩波書店、二〇〇四年／岩波現代文庫、二〇一七年）
久住真也『長州戦争と徳川将軍』（岩田書院、二〇〇五年）
三谷博『ペリー来航』（吉川弘文館、二〇〇三年）
麓慎一『開国と条約締結』（吉川弘文館、二〇一四年）
真壁仁『徳川後期の学問と政治——昌平坂学問所儒者と幕末外交変容』（名古屋大学出版会、二〇〇七年）
奈良勝司『明治維新と世界認識体系』（有志舎、二〇一〇年）
後藤敦史『開国期徳川幕府の政治と外交』（有志舎、二〇一五年）
荒野泰典・石井正敏・村井章介編『日本の対外関係7　近代化する日本』（吉川弘文館、二〇一二年）

福岡万里子『プロイセン東アジア遠征と幕末外交』（東京大学出版会、二〇一三年）
佐野真由子『幕末外交儀礼の研究　欧米外交官たちの将軍拝謁』（思文閣出版、二〇一六年）
保谷徹『幕末日本と対外戦争の危機――下関戦争の舞台裏』（吉川弘文館、歴史文化ライブラリー、二〇一〇年）
鵜飼政志『明治維新の国際舞台』（有志舎、二〇一四年）
芳即正『島津久光と明治維新――久光はなぜ討幕を決意したか』（新人物往来社、二〇〇二年）
佐々木克『幕末政治と薩摩藩』（吉川弘文館、二〇〇四年）
町田明広『島津久光＝幕末政治の焦点』（講談社選書メチエ、二〇〇九年）
家近良樹編『もうひとつの明治維新――幕末史の再検討』（有志舎、二〇〇六年）
高村直助『小松帯刀』（吉川弘文館、人物叢書、二〇一二年）
明治維新史学会編『明治維新史論集1　幕末維新の政治と人物』（有志舎、二〇一六年）
栗原伸一郎『戊辰戦争と「奥羽越」列藩同盟』（清文堂出版、二〇一七年）
友田昌宏『東北の幕末維新　米沢藩士の情報・交流・思想』（吉川弘文館、二〇一八年）
宮下和幸『加賀藩の明治維新　新しい藩研究の視座　政治意思決定と「藩公議」』（有志舎、二〇一九年）
高橋秀直『幕末維新の政治と天皇』（吉川弘文館、二〇〇七年）
家近良樹『幕末維新の個性1　徳川慶喜』（吉川弘文館、二〇〇四年）
井上勲『王政復古――慶応三年十二月九日の政変』（中公新書、一九九一年）
三谷博『維新史再考――公議・王政から集権・脱身分化へ』（NHKブックス、二〇一七年）
山口輝臣編『はじめての明治史――東大駒馬連続講義』（ちくまプリマー新書、二〇一八年）
ジョン・ブリーン『儀礼と権力　天皇の明治維新』（平凡社選書、二〇一一年）
青山忠正「薩長盟約の成立と背景」（『歴史学研究』五五七号、一九八六年八月）
三宅紹宣『幕長戦争』（吉川弘文館、二〇一三年）
家近良樹『江戸幕府崩壊――孝明天皇と「一会桑」』（講談社学術文庫、二〇一四年）
同　『西郷隆盛と幕末維新の政局――体調不良問題から見た薩長同盟・征韓論政変へ』（ミネルヴァ書房、二〇一一年）

町田明広『薩長同盟論　幕末史の再構築』（人文書院、二〇一八年）
高木不二『幕末維新の個性2　横井小楠と松平春嶽』（吉川弘文館、二〇〇五年）
青山忠正『日本近世の歴史6　明治維新』（吉川弘文館、二〇一二年）
宮地正人『幕末維新変革史』上・下（岩波書店、二〇一二年／岩波現代文庫、二〇一八年）
明治維新史学会編『講座明治維新1　世界史のなかの明治維新』（有志舎、二〇一〇年）
同『講座明治維新2　幕末政治と社会変動』（有志舎、二〇一一年）
同『講座明治維新3　維新政権の創設』（有志舎、二〇一一年）
同『講座明治維新4　近代国家の形成』（有志舎、二〇一二年）

研究史整理に際し参照したもの

青山忠正『明治維新と国家形成』（吉川弘文館、二〇〇〇年）
高木不二「幕末政治史の研究史から――私的総括と見えてくる課題」（明治維新史学会編『明治維新史研究の今を問う　新たな歴史像を求めて』有志舎、二〇一一年）
友田昌宏「幕末政治史研究の現状と課題」（『歴史評論』六九一号、二〇〇七年一一月）
宮間純一「明治維新政治史研究の現在」（『歴史評論』八一二号、二〇一七年一二月）
三谷博「維新政治史の研究――文部省『維新史』まで」（明治維新史学会編『講座明治維新12　明治維新史研究の諸潮流』有志舎、二〇一八年）

コラム1

幕末社会史研究の論点――情報

岩田みゆき

幕末社会史は、一九六〇年代頃は世直し状況論や百姓一揆論・変革主体論など、政治史や経済史の立場から、もっぱら闘争や騒動・一揆を中心に民衆の動向を明らかにする方向で展開した。しかし、戦後歴史学の批判と反省の中から生まれた「社会史」の影響のもとで、闘争や騒動・一揆などからだけでなく、また著名な政治家や活動家ではない、「地方」、「地域」に生きるごく普通の人々の日常の生活の中から、その変革の道筋を跡づける試みが進められた。例えば、中井信彦は、常陸国土浦の町人で国学者でもあった色川三中《みなか》の日記や手紙、情報記録などをもとに、商人としての活動や、学者としての交流関係、学問と思想を詳細に検討し、土浦の一町人学者が身分を超えた多様な人間関係を形成し、土浦に居ながらにして、黒船来航情報をはじめとする政治経済情報・海外情報を収集し、これからの世の中を鋭く見据えていた姿を具体的に明らかにした（中井信彦著『色川三中の研究　伝記篇』塙書房、一九八八年）。さらにこの三中の門人である関東豪農の日記・情報記録の分析も進み、人間関係、情報収集・情報交換の実態と、幕末期の行動の詳細も明らかにされた（佐野俊正編『真菅《ますげ》日記』上・中・下、筑波書林、一九八四・八八年、岩田みゆき『幕末の情報と社会変革』吉川弘文館、二〇〇一年）。また宮地正人は政治史の立場から社会を見据え、幕府・諸藩・民衆それぞれの情報活動とその関連性をとらえ、風説留《ふうせつどめ》の全国的存在から、幕末社会を「公論」世界が端緒的に成立していた社会と評価し、近代国民国家成立への見通しをたてた（宮地正人「風説留から見た幕末社会の特質」『思想』八三一号、岩波書店、一九九三年九月、同『幕末維新期の文化と情報』名著刊行会、一九九四年）。このような「情報」を切り口とした歴史研究は、一九八〇年代以降、政治・外交・経済・文化などの諸分野でも盛んに行われ、人と人との関係、および人々の意識や行動とその変化をとらえ、新たに形成される身分や階層を超えた情報ネットワークや地域ネットワークの実態を解明し、社会変革の一つの指標として重視されてきた。

また近年では、幕府が独占していたと考えられていたアヘン戦争以降の世界情勢を詳細に伝える「別段風説書」の写本が全国各地で発見され、ペリー来航前後を中心に、その内容の一部は村落上層民・民間学者・知識人なども入手していたことが確認された（風説書研究会編『オランダ別段風説書集成』吉川弘文館、二〇一九年）。これによって民衆レベルでも、海外の動向に強い関心を持ち、確かな情報収集を行っていたことも明らかにされた。

これらの研究の蓄積によって、近世社会や幕末社会のイメージも大きく豊かに変わりつつある。日記・情報記録などの文学史料をはじめ、非文字史料など豊富に残された地域史料をさらに活用して、地域に生きる人々の姿を幕末から明治への連続性の中で具体的に明らかにし、そこから国家や天皇といった歴史学の基本的問題をとらえ直すことが求められる。

幕末公議研究の論点

池田勇太

公議研究の展開

かつて明治維新のキーワードというと、「尊王攘夷」や「富国強兵」などが人口に膾炙してきたが、「公議輿論」が明治維新を考察するうえで重要な論点であることは、いまや研究者間に共有されて久しい。幕末から明治期には、「公論」「公議」「衆議」「輿論《よろん》」等の言葉が頻繁に用いられ、ペリー来航より帝国議会に至るまで、正当性を主張する言葉として政治上重要な役割を果たしつづけた。

公議・公論は、専制に抗し政治参加の拡大を切り拓く言葉であったため、その研究は立憲制の形成史として始まったが〈尾佐竹猛『維新前後に於ける立憲思想』邦光堂、一九二九年など〉、憲政史の枠をこえて公論の研究が明治維新史の解明に不可欠であることが理解されるようになったのは、井上勲・尾藤正英・三谷博・宮地正人氏らの仕事に負うところが多いだろう〈井上「幕末・維新期における「公議輿論」概念の諸相」〈『思想』六〇九号、一九七五年三月〉、尾藤『江戸時代とはなにか』〈岩波書店、一九九二年〉、三谷『明治維新とナショナリズム』〈山川出版社、一九九七年〉、宮地『幕末維新期の社会的政治史研究』〈岩波書店、一九九九年〉〉。

公議研究をリードしてきた三谷氏が提唱しているのが、公論形成という視角である〈三谷編『東アジアの公論形成』〈東京大学出版会、二〇〇四年〉）。氏は、ユルゲン・ハーバーマスによる公共性・公共圏の議論に触発されつつも、リベラリズムや個人主義の伝統のない非ヨーロッパ地域の比較史を行うことから、公共等の言葉を用いず、公論慣習の形成という視点を考案した。この公論形成という視角は、現代においても私たちの直面する課題であるとともに、時間的にも空間的にも多様な事象を包摂しうるという利点を持っている。いまや幕末公議研究は日本史に完結する話ではない。

なお公共性と関わって幕末期を対象とした政治思想史研究は多々あるが、長くなるため割愛したい。

東アジア史との関連

では幕末における公論形成は世界史的にどのように見えるのだろうか。これについて、東アジアにおける「議論政治」の比較史を行った朴薫《パク・フン》氏の仕事が重要な論点を提供している。氏は近年「士大夫的政治文化」という観点を唱え、明代に盛行した儒教文化に近いものが日本では一九世紀に花開き、武士を政治的に活性化させたと論じている（朴「東アジア政治史における幕末維新政治史と〝士大夫的政治文化〟の挑戦――サムライの〝士化〟」清水光明編『「近世化」論と日本――「東アジア」の捉え方をめぐって』〈【アジア遊学　一八五号】、二〇一五年〉）。朴氏は朝鮮王朝における「議論政治」と幕末期との政治文化の類似性を明らかにしており

（朴「一九世紀前半日本における「議論政治」の形成とその意味」〔明治維新史学会編『講座明治維新1』有志舎、二〇一〇年〕）、東アジアにおける政治文化の展開のなかに明治維新も位置づけられている。

政治文化という点では、別のアプローチとして、前田勉氏による会読の研究が挙げられる。西欧において公共性を担った読書サークルの登場と近い時期に、日本でも会読という複数人でテキストを読み討議する学習方式がひろまり、幕末の議論政治や自由民権運動の母体となったことが明らかにされたのである（前田『江戸の読書会――会読の思想史』〔平凡社、二〇一二年〕）。会読は儒学の学習方法でもあり、ここにも東アジア史の文脈が読み取れるだろう。明治に入ると新聞等を通じて国を越えた言論空間の拡大が始まる。公議研究の重要性は幕末に限らないが、本稿の範囲を超えるので割愛したい。最後に幕末史に関していくつかの論点を挙げていこう。

幕末史における公議研究の論点

現在の幕末政治史研究は、公議・公論という軸と関わって論じられるようになっているが、中央政治史のみならず、幕末政治史研究の精緻化は、諸藩における意思決定の経緯をも明らかにしつつある。上田純子氏や宮下和幸氏による藩組織内での公議の研究は、藩における「衆議」を通じた政治意思の形成や、藩の権力機構外におかれた「有志」たちの公議の問題など、重要な論点を提示していると思われる（上田「幕末の言路洞開と御前会議」〔『論集きんせい』二一号、一九九九年〕、宮下『加賀藩の明治維新』〔有志舎、二〇一九年〕）。

また、公論の担い手はサムライ階級に限定されるわけでも、儒学系の知識人に偏るわけでもない。宮地氏は風説留の研究を通じて、幕末期に政治情報を積極的に需要していく社会層が成立したことを提起した。徳川の専制権力に対抗する国民的輿論の形成という問題は、今後も重要な論点となるだろう。

思想的な検討で注視されているのは、公論の持つ二つの意味である（前田勉「公論」〔米原謙編『「天皇」から「民主主義」まで』晃洋書房、二〇一六年〕）。公議・公論には、広く人々に共有される意思という面と、正論という面があり、政治史上ではこれらが綾をなして現れる。これを政治指導の態度にみれば、輿論の積み重ねを重視する「代表的政治態度」と、自己の確信する「公論」にもとづいて政治指導をする「決断的政治態度」となる（井上前掲論文）。近年では奈良勝司氏が、衆議の面と至当性の面の両者が一致するところに公議の理念の生命線があったとし、明治六年の政変にその一致の崩壊を見出している（奈良『明治維新をとらえ直す——非「国民」的アプローチから再考する変革の姿』〔有志舎、二〇一八年〕）。このほか公論の思想と多数決原理との関係など、提起されている論点は少なくない。今後さらなる研究の進展がなされるはずである。

コラム3

戊辰戦争研究の論点——奥羽越列藩同盟をめぐって

友田昌宏

一九六〇～七〇年代の奥羽越列藩同盟研究

戊辰《ぼしん》戦争は、慶応四年（一八六八、九月に明治に改元）正月から、翌明治二年五月までの約一年半、新政府と旧幕府・反政府諸藩とのあいだで演じられた内戦である。本コラムでは、このうち、奥羽・北越戦争に焦点を絞り、この戦争において新政府軍に抗して敗れた奥羽越諸藩の連合体＝奥羽越列藩同盟をめぐる研究動向について紹介したい。

一九六〇年代、戊辰戦争研究は原口清と石井孝の論争により進展した。原口は戊辰戦争を、日本の統一のあり方をめぐり、諸藩の連合方式と、その否定および天皇への統合を目指す方式とのあいだに生じた戦争とし、奥羽越列藩同盟は前者の方式を実現すべく「まず地域的な諸藩連合政権として誕生したもの」と評価した（『戊辰戦争』塙書房、一九六三年）。これに対し、江戸平定以降の奥羽・北越戦争を副次的な戦争と理解する石井にとって、奥羽越列藩同盟は将来の政体構想をもたない「おくれた封建領主（大名）のルースな連合体」でしかなかった（『維新の内乱』至誠堂、一九六八年）。

こうしたなか、一九七〇年代に奥羽越列藩同盟研究を一段引き上げたのが佐々木克であった。佐々木は、原口の論を受け継ぎつつ、同盟の成立過程を実証的に跡付け、同盟が時期により質的に変化していく様を論証した。つまり、列藩同盟は、まず会津藩の謝罪を新政府にかけあう「防御的歎願同盟」として成立し、その後、「朝敵」として討伐の対象とされた会津・庄内両藩に与《くみ》し、北越諸藩をも巻き込みながら新政府軍に抗する「積極的軍事同盟」へと変化したのである。その転換点で、新政府軍との交戦に傾く仙台藩と和平を貫こうとする米沢藩のあいだに対立が生じたことも明らかにされた（「奥羽列藩同盟の形成と性格」、『史苑』三二―二、一九七七年）。佐々木の研究以降、奥羽越列藩同盟研究はやや停滞を来したが、二〇〇〇年前後から再び活況を呈している。以下その状況を見たい。

塗り替えられる列藩同盟像

佐々木が指摘した仙米両藩の対立は、同盟が必ずしも一枚岩でなかったことを物語るものだが、この対立は、同盟の路線をめぐる対立というにとどまらず、奥羽諸藩を従えようとする仙台と、その独走をとどめようとする米沢との対立という側面を有した。近年、栗原伸一郎はこのような仙台藩の奥羽の盟主としての自意識の背景として、藩主伊達家にまつわる鎮守府将軍の由緒に着目し考察を加えている（『戊辰戦争と「奥羽越」列藩同盟』清文堂出版、二〇一七年）。同盟内の対立はその立役者たる仙米両藩のそれにとどまらなかった。工藤威は、列藩同盟を「事態の和平策による収拾を目指した奥羽諸藩の連合体」とし、その意図に賛同して参集した津軽藩や秋田藩は、同盟が軍事同盟化するなか、同盟から離反したと主張する

（『奥羽列藩同盟の基礎的研究』岩田書院、二〇〇二年）。また、対立は個々の藩内でも生じている。当初、和平路線の貫徹を唱えていた米沢藩は、事態の推移とともに新政府軍との全面戦争に踏み切らざるをえなくなるが、上松俊弘は、越後出兵の過程で同藩内に生じた対立の実態を明らかにした（「奥羽越列藩同盟の成立と米沢藩」『歴史評論』六三一号、二〇〇二年）。

同盟がこのような諸藩の思惑の違いをはらむ危ういものであったからこそ、結束を維持するために衆議が重視されたのである。その重要性は、列藩同盟が軍事同盟化を遂げると、軍事指揮の統一の問題とも相まって高まった。そこで、注目されるのが、江戸から逃れてきた輪王寺宮公現法親王《りんのうじのみやこうげん》を盟主に迎えて、白石《しろいし》に設置された公議府の存在である。白石公議府の研究は、藤井徳行《のりゆき》により先鞭がつけられ（「明治元年・所謂「東北朝廷」成立に関する一考察」、手塚豊編『近代日本史の新研究』Ⅰ、北樹出版、一九八一年）、近年では、中武敏彦が、諸藩の衆議によって運営される公議府が、同盟の意志決定にいかに関与していたかを検討（「奥羽列藩同盟と「公議」理念」、『アジア文化史研究』四号、二〇〇四年）、太田秀春が、公議府の衆議体制のもとでいかに同盟の軍事指揮系統が再編されたかを論じた（「奥羽越列藩同盟における公議府と軍事」、平川新編『江戸時代の政治と地域社会』第一巻、清文堂出版、二〇一五年）。

軍事面において、越後は白河とならび同盟にとって要の地であった。この方面では米沢藩が、時に強要をも伴いつつ、北越諸藩を同盟に誘引し、奥羽列藩同盟は奥羽越列藩同盟へと発展していく。その過程と意義について論じたのが、久住真也の研究である（「奥羽列藩同盟

と北越「防衛」の展開」、『地方史研究』二六五号、一九九七年）。

同盟が触手を伸ばしたのは、越後に限らない。列藩同盟の戦略を記した「軍議書」によれば、関東や西国諸藩へも呼応を求めることが計画されていた。戊辰戦争勃発直後に米沢藩から京都に派遣された宮島誠一郎や雲井龍雄の周旋活動を検討した友田昌宏の研究によれば、彼らは薩摩藩への反感を持つ者が政府内外に多くいることを知り、全国の反薩諸藩を糾合することで事態を打開する道を探っていた（『未完の国家構想』岩田書院、二〇一一年等）。そういった情報は奥羽にも伝わっており、仙台藩や米沢藩が奥羽のみならず薩摩藩に反感を持つ全国の諸藩と連携しようとしていたことが、栗原伸一郎により明らかにされた（前掲栗原書）。

列藩同盟と西欧諸国

かつて石井孝が『増訂・明治維新の国際的環境』分冊三（吉川弘文館、一九七三年）で実証したように、戊辰戦争は西欧列強の監視下で行われた戦争であり、同盟の視野にも当然国際社会が入っていた。越後に進出した同盟軍は、開港期日（慶応四年二月四日）が近い新潟を確保、「仮条約」を結ぶため諸外国に通告文を発しているが、星野尚文は、この通告文から開港場新潟港を有する越後の確保は同盟にとって自らの国際的支持を獲得するために重要であったと主張する（「奥羽越列藩同盟の再検討――新潟開港問題との関連から」、『新潟史学』三四号、一九九五年）。

そして新潟港を舞台に外国人が暗躍、同盟との折衝を試みる。とりわけ有名なのが、プロイセン（のちドイツを統一する王国）のシュネル兄弟である。兄ヘンリーはプロイセン領事館で通訳を務め、戊辰戦争では同盟の軍事参謀的役割を演じた。商人の弟エドワルドは新潟で同盟軍に武器を売り払った。シュネル兄弟の研究については田中正弘によって本格化したが（「米沢藩と平松武兵衛」、『軍事史学』一二―二、一九七六年等）、近年、箱石大《ひろし》・福岡万里子が海外史料を検討し、幾多の新事実を明らかにしている（箱石編『戊辰戦争の史料学』勉誠出版、二〇一三年）。福岡によれば、会津・庄内両藩が蝦夷地の領地を引き換えにプロイセン領事フォン・ブラントに借款を申し込んだのは、ヘンリー・シュネルの差し金であったという（「ドイツ公使からみた戊辰戦争」、『戊辰戦争の新視点』上、吉川弘文館、二〇一八年）。

新潟はイタリアにとっても魅力的な港であった。イタリアの公文書に基づくベルテッリ・ジュリオ・アントニオの研究によれば、イタリア公使ド・ラ・トゥールは、日本産の良質な生糸を得たい自国商人の声を代弁して、予定通り新潟を開港することを主張、イギリス公使パークスと対立した（「外交史研究の新視点」、荒武賢一朗他編『日本史学のフロンティア』1、法政大学出版局、二〇一五年）。

このように海外史料の発掘もあり、列藩同盟は国際的見地からも見直されつつあるのである。

コラム4

秩禄処分・士族授産研究の論点

落合弘樹

明治維新を考える場合、近世国家の骨格である幕藩体制がどのようにして解体し、近代国家が構築されたかという点は最も基礎的な論点で、王政復古や廃藩置県の政治史的な研究は膨大な蓄積がある。しかし、近世国家の支配身分であった武士がどのように解体・再編されたのかという点については、長らく研究者の関心が低かった。

秩禄《ちつろく》処分や士族授産など特権解体策およびそれに付随する問題に関する研究は、昭和戦前期に制度史的研究を中心にすすめられ、深谷博治『華士族秩禄処分の研究』(高山書院、一九四一年)や吉川秀造『士族授産の研究』(有斐閣、一九四二年)などの成果を得たものの、戦後の歴史学では地租改正や近代軍隊の成立、統治機構の整備、政治運動の展開にくらべて、「前時代の遺物」のように扱われた士族への関心は低かった。

しかし、武士身分はどのように消滅し、その子弟というべき士族が国家のなかでどのように位置づけられたのか？ 変革がスムーズだったのはなぜか？ そうした素朴な疑問は明治維新を考えるうえで必須の課題といえよう。こうした問題については、近代におけるエリートの形成や教育の活用といった視点にもとづいた、園田英弘『西洋化の構造――黒船・武士・国家』(思文閣出版、一九九三年)や園田英弘・濱名篤・廣田照幸『士族の歴史社会学的研究――武士の近代』（名古屋大学出版会、一九九五年）など社会学の研究が先行した。

以上のような状況の中で、拙著『明治国家と士族』（吉川弘文館、二〇〇一年）は歴史学の立場により、特権解体・不平士族・士族授産という三つの問題を総合的に把握することを試みた。このうち、秩禄処分については一般書として『秩禄処分――明治維新と武士のリストラ』（中公新書、一九九九年）を通じて、明治政府がどのような必要性があって武士の家禄を廃止したのか、変革の規模にくらべて士族側の抵抗が少なかったのはなぜかを検討したが、くわえて私は一八九七年に議員立法として成立した家禄賞典禄処分法の研究を通じ、家禄が金禄公債証書という私有財産に変換した結果、交付額への不服や不公平を訴える復禄請願は賠償請求の性格、さらには集団的な名誉意識の持続といった側面を持つようになり、また大蔵省と議員の間では秩禄処分の経緯や政治責任の所在をめぐって論戦が交わされ、これが秩禄処分研究のさきがけとなったことを明らかにした。

一般的に、士族授産について、教科書的には「士族の商法」＝素人経営の失敗と結びつけられてきた。しかし、新規の産業に関しては多くの困難がともなうもので、失敗したのは武士出身者に限らない。たとえば前述の吉川秀造『士族授産の研究』は殖産興業史的視点から意義を説き、産業史的視点では岡本幸雄『士族授産と経営』（九州大学出版会、二〇〇六年）が組織的役割を、安藤精一『士族授産史の研究』（清文堂出版、一九八八年）は地域の特性を指摘している。こうしたなかで、私は明治政府が授産金を士族の結社に貸与した政治的背景を究明し、士族授産政策は殖産興業の促進とともに各地方における士族の指導的人物を掌握するという二つの効果が期待されたことを明らかにした。そして、こうした政策が政局と密接に連動しつつ変容していく過程を解明した。

今後の課題としては、各地の士族が政府や地方官の政策をどのように受け止め、いかに対応したのかという点である。これは地方における旧藩士の位置づけと大きく結びついているといえよう。彼らは城下町など地域社会では明治期を通じて依然として政治や教育における影響力が高く、中央の動向のみならず地方への波及といった視点も必要である。地方に特化した研究も近年は進んできているが、そろそろ全体的に捉えなおす必要があるといえよう。

第二章　政府機構研究——明治前期政治史研究との伴走

西川　誠

太政官制と内閣制

明治新政府は、西欧列強の圧力の前に、駆け足で新国家を構想し建設しなければならなかった。本章では、駆け足で作られた政府機構について述べたい。

まずは太政官《だじょうかん》制と内閣制について取り上げる。明治初期の制度構築には、稲田正次氏の『明治憲法成立史（上・下）』（有斐閣、一九六〇、六二年）という広範かつ詳細な研究がそびえ立つ。稲田氏の関心は憲法成立史であるが、憲法成立史は国家体制成立史であり、国の重要な制度・中心的な意思決定過程の形成についてほとんど言及している。非常に多くの史料を集めて検討し、それに基づいて評価しているので、あまり乱暴な評価もなく、納得できる意義がそれぞれの局面で続いている。ただし、憲法制定を目標としているので、憲法制定の模索として制度の変遷が検討されている面もある。内閣制も、太政官制からより良い内閣制度へ変わっていくという説明になる。太政官制がどう悪いかといえば、非能率的であって権限関係が不分明であり、決定権を持つ大臣より政治力のある参議がいて、だから不明瞭な機構で近代的な内閣制が導入されたという説明であり、それはそれで十分納得できる。

ところが、では太政官制とは何かというと、あまり明瞭でない。革命政権が急ごしらえしたため方針があったわけではないという、あるいは諸々の問題と政治対抗に応じて改変されたという史実に拘束されてもいようが、やはり明瞭でない。先行する戦前の山崎丹照氏や鈴木安蔵氏の研究でも、このときはこのような機構でこのように決定が成されたというのは分かるが、特徴というのが端的には分からない。

現在の古代太政官研究水準とは異なるだろうが、明治初期に古代律令制を解釈して運営したのであろう太政官制は、各省の上申文書を許可するという形態を基本とした。加えて革命政権であり、「政令二途」に出ないこととなっていた。その結果、すべての事は太政大臣が決裁する。個別に各省限りの決定事項が認定されていく。権限が委譲される。つまり、最終決断が不断に上昇する構造が特徴である。一八七一(明治四)年の廃藩置県の時には各省に権限を大きく分けたが、委ね過ぎた結果、各省の対立が続いた。これは征韓論政変の一因になった。そういった経験もあり、あまり各省に権限を委任しないという構造が続く。加えて、新しいことが次々起こるので新規の事は全部太政大臣にまで上がってくる。大審院も司法者に訓令を仰ぐ(岩谷十郎『明治日本の法解釈と法律家』慶應義塾大学出版会、二〇一二年)。上申文書の多さと権限委譲の不分明さ・少なさが決裁量の拡大を招き、非能率・非効率となった。

こういった太政官制の特徴を、太政官文書の分析によって明瞭にしたのが、中野目徹氏の『近代史料学の射程——明治太政官文書研究序説』（弘文堂、二〇〇〇年）であった。近代文書学を本格的に切り開いた研究でもある。太政官制の特徴は、すべて重要なことは太政官に上げ、太政官が各省に指令するという形態であり、中野目氏はこの在り方を〝官符《かんぷ》行政〟と名付けている。そして内閣制導入とは、法令の運用については各省に大幅に委ねる制度の導入であった。

なお、一貫した太政官制の特徴は官符行政であるが、折々の課題の解決が機構に流れ込む。一八七三（明治六）年に実は内閣が導入されていたり、一八八〇年に参議省卿分離制が導入されていたりする。官符行政という特徴を保ちつつ短い単位で変化する姿がある。

太政官制下の天皇

（公）文書の分析と研究を通じて、天皇は公文書上どのように裁可をしているのかということも検討される。中野目氏は前掲書の中で公文書の中の「天皇親政」という視点を導入し、それは一七七九（明治一二）年に成立したと論ずる。永井和氏も帷幄上奏《いあくじようそう》を検討するなか、天皇の裁可印の使用に着目し、七九年に裁可が実際に行われるようになったことを解明した（「万機親裁体制の成立——明治天皇はいつから近代の天皇となったのか」『思想』九五七号、二〇〇四年一月）。政治史において天皇親政運動が起こって明治天皇が主体的に動き出したとされるころ、文書の上でも決裁を行う天皇が出現していた。天皇の活性化は公文書でも確認できる事態であった。

その後も天皇の裁可について公文書上の行動、政治過程上の行動の研究が進む。二〇一二年、中野目徹氏は「太政官制の構造と内閣制度」(『近代国家の形成』講座明治維新第4巻、有志舎、二〇一二年)で、天皇が内閣にどのように出御し、それが文書にどのように表れているかを整理している。憲法が出来るまでの明治天皇の裁可の状況が明らかになっている。

公文書と官庁機構・官僚

太政官文書という素材は、太政官の中枢部以外の研究も進展させた。右院が実際に運営されていたことを論じた中川寿之氏(「太政官三院制創設期の右院」、『近代日本の政治と社会』〈三上昭美先生古稀記念論文集刊行会編・刊、二〇〇一年〉)、左院と参事院を法制局に近いとする西川、元老院の通時的検討から立法機能の成熟を論じた久保田哲氏(『元老院の研究』慶應義塾大学出版会、二〇一四年)などの、諸機構の実態を解明する研究が叢生した。

平成〇年代から一〇年代は、太政官の公文書研究が進んで、政策決定機構から官庁組織のありかたまで研究が発展した。そして公文書論、近代文書論も盛んになった。国立公文書館が出来て二〇年近く経って、文書の内容・情報だけが扱われることから、文書に保存されている決裁の在り方とか、各省の関係とか、文書それ自体の情報ということも検討しようという気運となった。前近代史において、文書論とは、文書の様式だけでなく、文書を生み出した機構を、さらには社会を検討しているが、近代でも、文書所在情報に留まらない文書論が始まったといえよう。

各都道府県でも、公文書の公開から少し経つと、公文書が生成される地方庁の機構が検討され、その情報が示され、使いやすくなっている。各所蔵機関の紀要等で、中野目氏の研究を範として、地方庁機構の変遷と文書様式の変容を解明する基礎的な考証研究が登場する。一例を挙げると、東京都公文書館には、東京の近現代文書が年代によってどう変わっていくか、作成部局はどうなのかということを整理してまとめた『都市紀要41 明治期東京府の文書管理』(東京都公文書館、二〇一三年)がある。

そして公文書の研究には、作成者、つまり官僚の研究も不可欠である。

平成になる前に山室信一氏が『法制官僚の時代——国家の設計と知の歴程』(木鐸社、一九八四年)で、新しいヨーロッパの法制知識を持って、ドイツやイギリスといった模範国を探求し、知によって対立しつつ国家嚮導《きょうどう》を目指す法制官僚を描き出した。明治初期制度構築には、西洋知識は不可欠であり、それが政治対抗を生む。しかしその後、幕末の志士との比較を除いて明治初期の官僚論は続かなかった。平成に入って、中野目徹氏が『書生と官員——明治思想史点景』(汲古書院、二〇〇二年)で明治初期の官僚のさまざまを描いた。笠原英彦氏の門下生は、明治初期の官庁を分担して解明しているが、その中で官僚論も展開している。門松秀樹氏は『開拓使と幕臣——幕末・維新期の行政的連続性』(慶應義塾大学出版会、二〇〇九年)と『明治維新と幕臣——「ノンキャリア」の底力』(中公新書、二〇一四年)で幕臣と明治の官僚の接続を論じ、柏原宏紀氏は工部省と技術官僚について論じている(『工部省の研究——明治初年の技術官僚と殖産興業政策』慶應義塾大学出版会、二〇〇九年)。行政の専門知や工業技術は幕府官僚から引き継がれる面があり、そして西洋知識は法制だけでなく技術において必要であった。

内閣制度再考

太政官は非効率的で政治的な決断ができない、それは官符行政だからであるということで、内閣制が導入されたとなると、できた内閣では、首相は閣外に、閣内に強力であるはずである。一八八五(明治一八)年制定の内閣職権は、ドイツにならった大宰相主義を採用し、首相が各大臣を統御する内容で、太政官の弊害が除かれるはずであった。ところが周知のように八九年の内閣官制で首相権限は弱まり同輩中の首席程度になり、憲法では内閣の規程がない。黒田清隆の政治行動と憲法との整合性によってこの変化は説明可能だが、太政官制の反省はどこに行ったのか。内閣制を導入した伊藤博文の構想はどこへ行ったのか。

私見にすぎないが、太政官制研究の叢生の刺激という面もあって、内閣制の研究が出現するようになったと推測している。坂本一登氏は、伊藤博文は内閣が行政の中心になって国家機構をまとめることを考えていた、内閣官制では弱まったけれども首相・内閣の統合力復活の可能性は十分に残っていたという議論を展開した。(「明治二十二年の内閣官制についての一考察」、犬塚孝明編『明治国家の政策と思想』吉川弘文館、二〇〇五年)。瀧井一博氏も『ドイツ国家学と明治国制――シュタイン国家学の軌跡』(ミネルヴァ書房、一九九九年)や『文明史のなかの明治憲法』(講談社選書メチエ、二〇〇三年）で伊藤博文の憲法構想を明らかにし、行政・内閣の自立を論じている。

さらに村瀬信一氏は『明治立憲制と内閣』（吉川弘文館、二〇一一年）を発表し、そもそも内閣総辞職というのは桂園《けいえん》時代にまで発生しないと指摘する。内閣の運用の慣行が成立するのは、かなり遅かった。内閣制度導入当時の内閣は、同じようなものと類推してしまうが、現在の内閣の政府機構の中の在り方、運営とは異なっていた。

皇室制度の形成

明治初期の政府機構の整備とともに、皇室制度も整備されていく。

皇室制度に関しては昭和から平成の代替わりの時に、研究が大きく進展した。小林宏氏と島善高氏による『明治皇室典範』（上・下、日本立法資料全集16・17、信山社出版、一九九六、九七年）という史料集が出て、重要な史料はほぼ掲載された。掲載されていなくても梧陰文庫はじめ所在が言及されている。また両氏の研究で、嫡子長子優先・女帝女系の否定・譲位の否定・永世皇族主義・皇室法家法主義などの近代皇室制度の特徴が、どのように形成されたか明らかになった。同じころ、川田敬一氏は『近代日本の国家形成と皇室財産』（原書房、二〇〇一年）で、近代の皇室財政の在り方と形成過程を大凡解明し、財政は国庫支出の常用部、動産の御資部《ぎょしぶ》、不動産の御料部から構成されていることを確認する（三つの分類名は変化する）。

また、伊藤博文は、政治化しない、政治勢力が関与しない宮中を目指しており（坂本一登『伊藤博文と明治国家形成――「宮中」の制度化と立憲制の導入』吉川弘文館、一九九一年、のち講談社学術文庫、二〇二二年)、そのため課題の争点化が避けられたと思われる。皇室典範以外は制度化が遅れるのが明治の皇室制度の特徴である。明治四〇年前後、公式令との関係で一部法令が整えられ、大正後期から末期に概ね制度整備が終わる。これらの点が平成一〇年くらいまでに明らかになった。

さて、二〇一一年四月施行された公文書館管理法によって、史料状況が変わったために、特に宮内省関連の研究が活性化している。池田さなえ氏は皇室財政の形成期の構想の対立について論じ(『皇室財産の政治史――明治二〇年代の御料地「処分」と宮中・府中』人文書院、二〇一九年)、加藤祐介氏は大正期の皇室財政について検討し(「戦間期の皇室財政――政治過程に着目して」『史学雑誌』一二四―一一、二〇一五年)、また国分航士氏は宮中府中の関係について問題を提起している(「明治立憲制と「宮中」――明治四〇年の公式令制定と大礼使官制問題」『史学雑誌』一二四―九、二〇一五年)。太政官と同様、宮内省でも公文書が公開されて少し経って史料を使った研究が進展している状況であろう。

上昇して決定機構・下降して官庁と官僚

政府機構構築過程の研究は、振り返ってみれば当然のことながら、太政官文書が公開され進展した。緻密になっただけでなく、決定過程の明確化も進んだ。内閣文書・各省文書・都道府県文書、そして宮内省文書が公開され、研究が進展し、一段落ともいえる状況である。そのような中で、今後どのような展望があるであろうか。

太政官の特質を官符行政と述べたが、折々に問題解決のための要素が加わる。そのような中で継続的に機構に影響を及ぼしたのが「公議」である。天皇の権威と公議は分かちがたいという研究の潮流に乗っている筆者からすれば、明治初期の政府機構に公議の要素の反映はあったと考えざるを得ない。とはいえ公議を考えるときに、代表性を小さく捉えれば公議は合議になってしまい、官庁内の会議と見分けがつかなくなる。会議ではなく何らかの代表性がある公議が行政機構に入り込むのか。この難題に取り組んでいるのが湯川文彦氏の一連の研究である（『立法と事務の明治維新――官民共治の構想と展開』東京大学出版会、二〇一七年）。難解な議論が展開しているが、湯川氏の提起を当否を含めて考える必要があろう。なお氏の研究は初期の行政機構形成（内務省・文部省）の点からも、事務の場と機構の構築の相互関係を見出すなど、新しい論点を提起している。

公議と分かちがたい天皇の政治決定における位置づけと具体的な行動も、現在の解明した水準は前述のように中野目氏によって定置されているが、公文書も素材の一つとして問い続ける必要があろう。早くも征韓論政変の時に明治天皇の政治的決断は発生していたのであろうか。親政でありながら不在であれば、制度的にどのように補ったのだろうか。三条実美《さねとみ》太政大臣はどうなのか。大阪会議時の木戸孝允の奇妙な三権分立の図は、太政官制は二つの空白を常に抱えて構想されていたことを示しているのかも知れない。

文書と国家機構を考えるとき、難点の一つは太政官・内閣文書が「公文録《こうぶんろく》」から「公文類聚《こうぶんるいじゅう》」に変わったことである。「公文録」は各省別なので各省の動向がわかりやすい。「公文類聚」となると分類が異なる。また、やはり制度史は出来ると一段落ということがあり、内閣制が出来ると研究が息切れになっている感がある。煩瑣な太政官制を変え、いわば入力量を減らし、その上申文書に見合った太政官部所属部局も減らし、書記官局と法制局だけで内閣を支えるようになったが、どのように内閣を支えたのであろう。内閣書記官長伊東巳代治《みよじ》がどのように伊藤博文内閣を支えたかは解明されているが（佐々木隆『伊藤博文の情報戦略――藩閥政治家たちの攻防』中公新書、一九九九年）、内閣補助部局の研究はつづいていない。

各省の動向については、太政官期を中心に、笠原英彦氏の行政史の提起のもと門下生が研究を深めている（これまで挙げたものの他、笠原英彦編『日本行政史』慶應義塾大学出版会、二〇一〇年）。とはいえ、内閣制度以後になると、各省の省の論理を、その有無を含めて、文書から検討する余地はまだあると考える。中西啓太氏の地方行政運営の経験知を蓄積する内務省像が参考になろう（『町村「自治」と明治国家――地方行財政の歴史的意義』山川出版社、二〇一八年）。初期設定の終わった（国家機構としての構成が終わった）各省が、行政の中から個性を生み出していくかどうか。御厨貴氏の分析した各省の利害と連動するトップリーダーの対抗の図式（『明治国家形成と地方経営――一八八一～一八九〇年』東京大学出版会、一九八〇年）は、書き換える余地はないであろうか。

国会が開設されると、分析は政官関係中心となるが（たとえば清水唯一朗『政党と官僚の近代――日本における立憲統治構造の相克』藤原書店、二〇〇七年）、行政史から見る政治史の可能性はまだ残っていよう。

刀筆の吏から見る政治世界は豊饒かもしれない。

コラム5　太政官制研究の論点

湯川文彦

明治太政官制とは何か

明治太政官《だじょうかん》制とは、新政府がその発足から明治一八年の内閣制度移行までのあいだ採用していた政府組織の基本制度である。「太政官」の名は、古代律令制下の政務組織から採られ、王政復古の大号令を発して「復古」を謳う新政府において、その自称に用いられた。ただ、ここでいう「復古」は懐古趣味を意味していない。これは朝廷の旧慣にいう「復古」――すなわち、今を生きる誰もが経験したことのない大昔を理想化して前例とすることによって、そこへの回帰を主張し、誰も経験したことのない〝革新〟を可能にするものだった。

もっとも、実際の太政官制は、政治の理想を表現するだけでなく、その時々の政治・経済状況を反映してめまぐるしく改編された。神祇官《じんぎ》（神祇省）、民部省、教部省のように廃止されたものがある一方、文部省、司法省、内務省のように新設された省もあった。このように、太政官制は旧例を参照し、新規の仕組みを導入しながら変わりゆく、複雑なものであったため、学界ではまずその過程を整理することから研究が始められた。

太政官制研究が本格的に試みられるようになったのは、戦時下のいわゆる明治維新ブームの時期だった。戦時下においては天皇を中心とする国家体制の強化を図るため、日本独特の政治体制の課題と特質を、太政官制の変遷から読み取ろうとする研究が相次いだ（鈴木安蔵『太政官制と内閣制』昭和刊行会、一九四四年など）。

「内閣」への注目

戦後以降においては、太政官制についてより子細な制度史的検討が重ねられたが、太政官制が政治的所産であることから、次第に政治史研究との関係が密接になり、政治諸勢力の認識と活動に即して太政官制を捉え直す研究が相次いだ（笠原英彦『明治国家と官僚制』芦書房、一九九一年など）。そうしたなかで、とくに注目を集めたのが「内閣」である。明治太政官制下の「内閣」は明治六年の太政官制潤飾《じゅんしょく》（官制改革）において登場し、以後その組織・機能を整えていった。

「内閣」が注目されたのは、政治史における注目点の変化が関係している。かつての政治史研究では、政治指導者のリーダーシップに注目が集まり、それぞれが異なる政治ビジョンを有していたことから、政変を含む相互の意見対立が描き出されてきた。しかし、その後、政治指導者間の意見対立にもかかわらずなぜ政府は空中分解を免れたのか、という疑問が生じ、政府内部の調整機能に対する関心が高まった。そのため、政治統合の問題を解決するための手段として「内閣」の形成が注目され、その組織・機能が模索されていく過程が解析されるようになった（御厨貴『明治国家形成と地方経営――一八八一～一八九〇年』東京大学出版会、一九八〇年、西川誠「廃藩置県後の太政官制改革」『日本立憲政治の形成と変質』吉川弘文館、二〇〇五年など)。近年においては、史料学的手法による太政官制下の政府意思決定方式の復元が試みられているほか(中野目徹『近代史料学の射程』弘文堂、二〇〇〇年)、個別の組織に関する組織・機能の解析が重ねられている。

「内閣」以外の調整機能、地方統治との関係

一連の先行研究をふまえて、さらに論点を提起すれば以下の二点である。

第一に、「内閣」以外の調整機能との関係である。これは従来の関心である政治統合に関して検討を深めるものである。たしかに「内閣」は政治統合において重要な役割を担っていたと考えられるが、実際に「内閣」が機能不全に陥っていても、政府そのものが瓦解していないことを考慮すれば、政治統合の問題を「内閣」の機能如何のみに帰着させることはできない。太政官制に視野を広げれば、「内閣」の調整機能は政府組織全体の動作からすればごく一部に過ぎないため、政治統合の問題に答えるためには、「内閣」以外の調整機能を含めた総合的な検討が必要である。

この問題には、各組織間の調整機能はもとより、組織構成員である政府要路、法制官僚、議官、各省官員たちの能力や意図、実践といった人的要素も関係してくる。すでに政府要路をめぐっては、普段は調整役を務め、調整が困難とわかると果然専断に移行して危機回避を

図る岩倉具視（佐藤誠三郎『「死の跳躍」を越えて』都市出版、一九九二年／千倉書房、二〇〇九年）に注目する研究や、時期は幕末だが複雑な政治状況で調整役を務めた小松帯刀（高村直助『小松帯刀』吉川弘文館、人物叢書、二〇一二年）のように調整型リーダーシップに注目する研究もみられる。太政官制研究を政治統合の問題から捉えるうえでは、こうしたシステム的要因・人的要因の双方にまたがって総合的な検討が必要と考えられる。

第二に、太政官制と地方統治の関係である。「内閣」形成を含む太政官制改編の理由は、必ずしも政治統合に限定されていない。就中、政府官員によって重視されているものに、地方統治の改善が挙げられる。明治維新期をつうじて地方統治は不安定な状況にあり、政府立案の改革法が地方の現場では動作しない、あるいは混乱を引き起こすことが少なくなかった。明治維新の諸事業が各地方において実施されるものであった以上、太政官制もまた地方統治への対処という問題を内包せざるを得なかったといえる。地方統治の問題を引き受け、あるいは地方統治に影響を与えるものとして太政官制を捉え直す必要があるだろう。

この二点をあわせて改めて太政官制研究の論点を位置づければ、太政官制が明治維新のいかなる問題に対して、どのように対処する目的で作りあげられた仕組みだったのかについては、依然として多くの謎が残されている。「内閣」と政治統合の問題にとどまらず、太政官制の政治・社会的な位置づけが検証される必要があると考える。

コラム6

自由民権研究の論点

中元崇智

戦前における自由民権運動研究

自由民権運動は藩閥政府に対抗し、近代的立憲制国家の確立を求めて闘った、国家構想をめぐる運動と定義づけられる（安在邦夫『自由民権運動史への招待』吉田書店、二〇一二年）。それでは、自由民権運動はいつから歴史研究になったのであろうか。自由民権運動は明治期から回顧、顕彰が行われており、一八八四年一月から自由党の機関誌『自由新聞』に連載された「国会論ノ始末」は大政奉還から自由党結成までの歴史を回顧した論説である。

そして、自由民権運動を当事者が回顧した野島幾太郎『加波山《かばさん》事件』（一九〇〇年）、関戸覚蔵『東陲《とうすい》民権史』（一九〇三年）に続いて、一九一〇年に板垣退助監修、宇田友猪・和田三郎編纂『自由党史』が刊行された。『自由党史』は自由民権運動研究の基本的文献として重要であるが、板垣を中心とする土佐派は自らを「維新改革の精神」を継承した本流とする独自の歴史観を主張している。また、板垣退助岐阜遭難事件の叙述を改変し、藩閥政府に対する武力行使を伴った激化事件を正当化するなど問題点も多く、史料批判が必要である（中元崇智『明治期の立憲政治と政党――自由党系の国家構想と党史編纂』吉川弘文館、二〇一八年）。

自由民権運動が歴史研究となったのは大正時代である。その中心となったのが民本主義の提唱者吉野作造や、尾佐竹猛《おさたけたけき》、宮武外骨《みやたけがいこつ》らが一九二四年に結成した明治文化研究会と翌年に刊行された会誌『新旧時代』(のちに『明治文化』、『明治文化研究』と改題)であった。吉野は大正デモクラシーの正当性及び必然性を論証するために、自由民権運動との異質性を歴史的に論証しようとした。吉野は自由民権運動を「時勢の必要」に先がけた運動であり、大正デモクラシーを「時勢の必要」に促されて起こった運動と捉えたのである(三谷太一郎「吉野作造の明治文化研究」『国家学会雑誌』第八三巻第一・二号、一九七〇年五月)。

戦後における自由民権運動研究と現在

戦後における自由民権運動研究でまず活躍したのが、『日本資本主義発達史講座』の執筆に関わり、戦前に活躍した平野義太郎、服部之総《はっとりしそう》ら「講座派」と憲法論を軸に体系的な研究を行った鈴木安蔵であった(安在邦夫『自由民権運動史への招待』)。

一方、一九五五年の歴史学研究会の大会では、堀江英一・大江志乃夫・大石嘉一郎・後藤靖らによる自由民権運動の共同研究報告が実施された。その特徴は自由民権運動を近代日本最大の国民運動と位置づけ、士族民権・豪農民権・農民民権と総体的に把握したこと、この主体変容の過程を西欧の市民革命、ブルジョア民主主義革命運動に比定し、運動の発展・純化と把握したこととされる。そして、実証的に激化事件、運動の内部構造、経済的基盤の分析が進められる一方、「従来の思想史の方法では果たせない民衆のイデオロギーをどうつかむか」という課題が提起された（江村栄一『自由民権革命の研究』法政大学出版局、一九八四年）。この課題に挑んだのが色川大吉『明治精神史』（黄河書房、一九六四年／他）であり、「底辺の民衆意識」、民衆の思想・行動様式から「支配的思想」を照射した点に意義があった。その背景には、一九五〇年代以降、日本における「民主主義の源流」を発掘するという問題意識の下、各地で自由民権運動の掘り起こしが進められたという事情があった。色川は三多摩における豪農分析から困民党など地域における民権運動を検討し、一九六八年に「五日市憲法」を「発見」するに至った。

一九八〇年代以降、「自由民権百年運動」が展開される一方、色川の困民党研究は稲田雅洋、鶴巻孝雄、牧原憲夫らの民衆史研究（「民衆史派」）へと、一九八〇〜九〇年代にかけて大きく発展していった。大日方純夫《おびなたすみお》の優れた整理によると、「民衆史派」の主張は①従来の国家と自由民権運動の対立図式に対して、国家と民権運動の共通性・同質性を強調、②「闘う民権」よりも演説会や運動会などパフォーマンスする民権運動（文化史としての自由民権）、③狭義の民権運動から民衆運動を分離・独立し、民衆運動の自律性を強調する内容であった（大日方純夫「『自由民権』をめぐる運動と研究」『自由民権』一七号、二〇〇四年）。

つまり、「民衆史派」は従来、対立構図で描かれた明治政府と民権運動は「近代国家の建設」、「民衆の国民化」という目標で共通しており、明治政府と民権派に、独自の生活・経済運動を志向する民衆が存在する三極構造論を主張したのである。近年では、松沢裕作が「民衆史派」の三極構造論を踏まえて、自由民権運動を「戊辰戦後デモクラシー」と位置づけ、江戸時代の身分制社会に代わる「ポスト身分制社会」を自らの手で作り出すことを目指した運動として描く、新たな視点も登場している（松沢裕作『自由民権運動――〈デモクラシー〉の夢と挫折』岩波新書、二〇一六年）。

これに対して、従来の自由民権運動・激化事件を再構築する試みも行われており、一八八〇年代を〈激化〉の時代と捉え、激化事件の全体像と各事件の実証研究、事件後における「語り」や顕彰運動を解明した研究も発表されている（高島千代・田﨑公司編著『自由民権〈激化〉の時代――運動・地域・語り』日本経済評論社、二〇一四年）。

自由民権運動の研究史とその論点は多岐にわたり、全容を提示することは紙幅の関係上、困難である。しかし、吉野作造がかって取り組んだように、自由民権運動とは何かという問いは、現在の民主主義や政党を見つめ直す鏡でもあるといえよう。

コラム7 徴兵制研究の論点

大島明子

不思議な二元兵制論

一八七三(明治六)年に制定された日本の徴兵令はフランスやプロイセンの制度を参考にして作られ、それら外国の制度との比較は一時徴兵制研究の中心テーマであった。たとえば大江志乃夫《しのぶ》は、欧州の徴兵制について「農民に対する賦役」としてのそれと「一般兵役義務」に基づくそれとを分けるべきだとし、日本の徴兵制は免役がある点で一般兵役義務に基づいておらず、封建領主による賦兵だったとしている。また、薩長土出身士族から成る近衛兵は職業的な「傭兵」ととらえられ、日本の初期兵制は賦兵と傭兵の「二元兵制」で絶対君主の常備軍の段階にあったとした(大江志乃夫『徴兵制』岩波新書、一九八一年)。

マルクス主義的な歴史観が低調になる前には、このように天皇を欧州封建制の「絶対君主」に重ね合わせることが一種の定番だった。そんな古い…と笑われそうだが、実際最初の徴兵令は徴集人数を各府県の石高に基づいて割り振っており、強制する主体が領主から国家へと変わったものの、税の一種として賦課する考え方は幕末の「兵賦《へいふ》」や「組合銃隊」の歩兵と同じだった。もっとも「兵賦」は農村の反発を受けて金納化され、その資金で都市部から荒くれ者が雇われたし、「組合銃隊」も同様で、傭兵のようなものだった(樋口雄彦『幕末

の農兵』現代書館、二〇一七年／保谷徹『戊辰戦争』吉川弘文館、二〇〇七年）。

では近衛兵は傭兵なのか？というと、全く違っている。近衛兵の前身である御親兵《ごしんぺい》は廃藩置県直前に藩の決定で編成され、兵士自ら応募したものではない。また入営二年後には解隊され、後には徴兵によって入れ替えられている。もっとも、西南戦後まで近衛兵は鎮台兵よりも給与が良く現役期間が長期（五年）だったため、近衛兵は志願兵（職業兵）制で徴兵制との二元兵制になっていた、という通念は今も健在である。しかし徴兵として入営した者が現役五年で職業兵になるといえるのかは疑問である。

一般兵役義務制と徴兵制

日本では仏革命中の国民防衛軍を一般兵役義務に基づく徴兵制の理想とする一方、同じ義務兵役でも外征用に訓練されたプロイセン軍は別物とする傾向があり、議論が混乱している。板垣退助は反専制の立場から徴兵制に反対し義勇兵による外征を主張しており（小林道彦「危機の連鎖と近代軍の建設」伊藤之雄・中西寛編『日本政治史の中のリーダーたち』京都大学学術出版会、二〇一八年）、反権力で侵略的な場合もあるのだが、カント『永遠平和のために』などに依拠して市民的義務に基づく自衛軍を理想化する傾向が今日でもあるようだ。丸畠宏太によれば、専制と侵略に対抗するための徴兵や民兵・義勇兵を市民的価値観に基づいて肯定し、権力防衛や外征のための職業的常備軍を否定する考え方は、一九世紀半ばまで欧州で盛んに見られた。事典では、徴兵という概念が古代ローマ時代まで遡って説明されているのに対し、一般兵役義務という概念は一八七〇年頃に新たに登場するという。そして二〇世紀初頭には、免役を伴う徴兵制は不公平で無効なものと捉えられ、プロイセンが導入した免役を認めない一般兵役義務制によって「乗り越えられた存在」とみなされるようになった（丸畠宏太「人民武装・徴兵制・兵役義務と19世紀ドイツの軍制――概念史的考察」『19世紀学研究』六号、二〇一二年）。

免役があれば徴兵制、免役がなく全員が国民軍などを含む兵役に就くのが一般兵役義務制ならば、日本最初の徴兵令は普通の徴兵制で、免役条項の廃止とともに一般兵役義務制になったことになる。実際戦前の日本では兵役は名誉ある「必任義務」だという建前が貫かれたが、実は抽籤のため入営する者は一部で著しく不公平になっているという議論が日露戦後から盛んになった。兵士の意識などの社会史的な関心を含め、いかなる社会観や理念のもとに徴兵制軍隊が存続したかが、今、注目されている（一ノ瀬俊也『近代日本の徴兵制と社会』吉川弘文館、二〇〇四年／加藤陽子『天皇と軍隊の近代史』勁草書房、二〇一九年）。

徴兵令と徴兵告諭・四民論

日本の徴兵令の特殊性は、兵農分離という大原則で成り立っていた社会に人民武装を導入したことだ。身分制軍隊が否定されたこと自体は、戊辰戦争中に莫大になった準武士の人数と財政状況から考えて不思議ではない。気になるのは原案が見つからない徴兵告諭である。国立公文書館デジタルアーカイブで閲覧できる『公文録《こうぶんろく》』には、印刷された詔・告諭・令と手書きの「四民論」「癸酉《きゆう》徴兵略式」が残る。それらに付された左院の答議から、陸軍大輔《たいふ》山県有朋が提出した「徴兵大意」を左院が「徴兵告諭」に直したことがわかる。過激な士族批判で有名な徴兵告諭は、左院が手直ししてできたものなのだ。一方左院が棄却した四民論は、士族卒には免役を認めず、農商工民については大幅に免役し富商・富農から兵を徴集するとしていた。告諭を山県、四民論を「反対勢力」によるとする見方もあるが、筆者は、四民論は山県が徴兵令を軟着陸させるために付け加えた苦肉の策だったと考える（大島明子「明治維新期の政軍関係——強大な陸軍省と徴兵制軍隊の成立」小林道彦・黒沢文貴編著『日本政治史のなかの陸海軍』ミネルヴァ書房、二〇一三年）。幕末には幕府も諸藩も人民動員に四苦八苦しており、そこには領主と

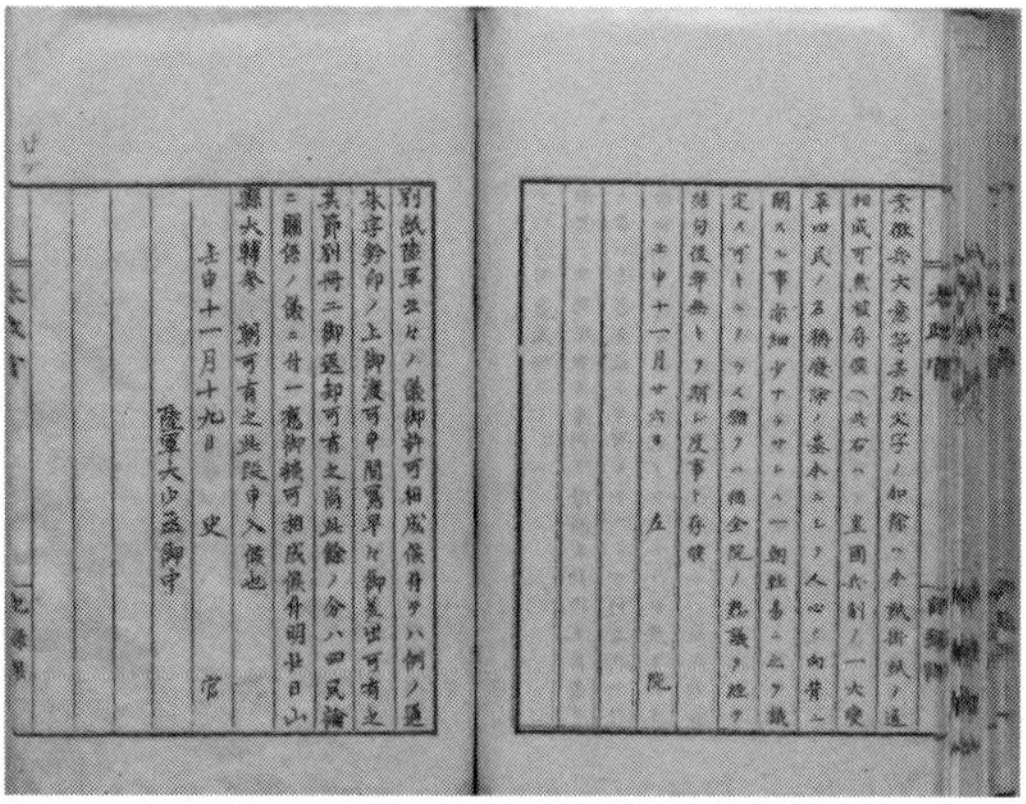

明治5年11月26日（1872年12月26日）左院は「勅書案布告案徴兵大意等」について「文字ノ加除」を伝えさらに熟議が必要だとした（国立公文書館デジタルアーカイブ『公文録・明治五年・第四十三巻・壬申十一月・陸軍省伺』公00666100）

町村の交渉や取り決めの伝統があった（渡辺尚志『百姓たちの幕末維新』草思社、二〇一二年／草思社文庫、二〇一七年）。長期にわたる伝統を踏まえて日本の徴兵制を考えるには、戦国時代から近現代にかけての研究者の協同研究が必要だろう。

コラム8　明治国家形成史研究の論点

坂本一登

従来、明治国家の形成史は、明治憲法がどのような構想の下に、どのような過程をへて制定されたかという憲法制定史を中心に研究されてきた。憲法制定史は、稲田正次『明治憲法成立史』（上・下、有斐閣、一九六〇・六二年）を頂点にすでに分厚い研究があり、そこでは伊藤博文や井上毅など政府内のごく少数の憲法起草者たちが、ドイツの憲法をモデルに、自らが拠る藩閥を維持するために、議会の権限や国民の権利など立憲主義の本質を大幅に制限した憲法を制定し、「外見的立憲制」と呼ばれる国家を形成したと評価されてきた。

近年、憲法起草過程だけでなく、伊藤の憲法調査の実態や、シュタインの学説の影響、明治天皇との関係など、様々な角度から憲法制定史が再検討され、明治憲法体制の評価も、否定的なものだけでなく、立憲的側面や文明史的意義を強調するものも増えてきた。

こうした多様な研究のもっとも重要な貢献は、憲法の制定過程が、かつて想定されていたよりも、はるかに複雑で緊張を孕んだ過程であることを明らかにした点にある。すなわち、憲法起草者たちの一枚岩的な構想が予定調和的に憲法となったわけではなく、憲法起草者たちの間にも構想の相違があり、また憲法起草者と軍部を始めとする政府諸機関との間にも対立が存在するなど、様々な要素の緊張のうちに憲法が起草され、その結果形成された明治国家も様々な構想がせめぎ合いギリギリの妥協の末に生まれた、一種のモザイクの体制であることが、一層理解されるようになったのである。

ここでは、二点だけ紹介したい。第一は、憲法のモデル論に関するものである。通例、明治憲法はドイツの諸憲法をモデルにしたといわれる。参考にしたのは事実であるが、しかし憲法が完成した時、伊藤が憲法の師と仰いだシュタインに対して、この憲法は西欧諸国の単なる模倣ではなく、「徹頭徹尾日本的なもの」と報告したように、憲法起草者たちの関心は、ドイツ憲法の模倣よりも、西洋の事績を日本化すること、日本の政治状況のなかで立憲政治が実際に機能するように国家を創設することの方にあったのである。

第二は、憲法草案の起草を直接担当した、伊藤、井上、伊東巳代治《みよじ》、金子堅太郎ら憲法起草者たちの間にも、実は、立憲主義への思い入れや立憲政治の運営構想に関して小さくない相違があり、それが憲法起草過程を複雑多岐なものにしたことである。とりわけ、行政と議会との関係をどのように規定するかという問題について、議会の権限を尊重する井上と行政権を重視する伊東との間に、のちに憲法六七条問題として知られる議会の予算審議権の問題や、憲法九条にかかわる命令と法律との関係をめぐる一筋縄ではいかない対立を引き起こした。こうした緊張は、憲法条文の文言の確定にとどまらず、制定された憲法正文の解釈をめぐっても、深刻な確執を生じさせ、議会開設後の立憲政治の運営にも重大な影響を与えていくことになるのである。

第三章　思想史研究——政治思想と人物

真辺将之

思想史研究は「最前線」か？

思想史を扱う本章は、もともと青山学院大学の史学科・同史学会創設五〇周年記念シンポジウム「国際環境下の明治——「明治一五〇年」の研究成果から考える〝明治史〟」における報告「明治思想史研究　人物研究の現状と課題」を元にしたものである。思想史、特に政治思想にかかわる思想史研究の現状を、人物研究という観点から取り上げてほしいとの依頼であったが、それはおそらく私自身がこれまで人物を基軸に思想史研究を行ってきたことを勘案されてのことであったと思う。

だが本書のタイトルは「明治史研究の最前線」である。前述のシンポジウムは、タイトルが「現状と課題」であったことから、現在、歴史学における明治期の思想史研究が、そして、そのなかでもとりわけ、人物を主題とする思想史研究が、やや沈滞した状況にあるのではないか、という話をした。果たして、思想史研究そのものが、歴史学の「最前線」にどれだけ迫れているのか。そのことは、『史学雑誌』で毎年五月号に組まれる、前年の歴史学の成果をまとめた特集「回顧と展望」において、日本近現代史の大見出し項目として「思想」が立項されたのが、近一〇年のうち半分に満たない四回にすぎないということが端的に示している。しかもこのうち「思想」が単独で立項されたのはわずかに一回であり（二〇一五年）、他は「文化・思想」（二〇一七年）「思想・宗教」（二〇一八年）、「思想文化」（二〇一九年）という形で他と抱き合わせの形になっている。

ただしそれを「衰退」と言いきってしまえば、異論のあるむきもあろう。というのも、「政治思想史」といった場合、通常は、政治学の一部門としての思想史研究を指すことが多く、そうした立場からの政治思想史研究は、現在でも毎年盛んに業績が生まれているからである。シンポジウムで意図していたのは、あくまで日本史学における状況であった。

「入会地」としての思想史

「思想史」には、政治学のみならず、倫理学や哲学、社会学、文学など多様な分野から参入する人々がいる。思想史というフィールドの有するこうした特徴を、高山大毅は「入会地」という言葉で表現している（高山大毅「二一世紀の徂徠学」『思想』一一一二号、二〇一六年一二月）。しかしそうであるがゆえに、思想史研究者は、専門分野のなかでの自己規定の悩ましさを抱えることも多い。例えば、日本近代政治思想史の創始者というべき丸山眞男を考えてみても、「丸山政治学」という言葉が多用され、「丸山思想史学」という言葉はあまり聞かない一方で、それでは丸山の思想史の業績をいかなる意味で「政治学」と呼べるのか、「政治学」の方法論と政治思想史の方法論は同一視しうるのか、ということは簡単には語れない多くの問題を含んでいる(近年の政治学の方法論的進展とそこにおける政治思想史研究の「居場所」の問題については、河野有理「政治思想史はまだ存在しているか?」〈『思想』一一四三、二〇一九年七月〉を参照)。

一方、歴史学は、「入会地」に入り込む研究者のなかでは、もっともこうした悩みの少ない学問分野かもしれない。歴史学の立場から思想史を研究している研究者には、おそらく自らが「歴史学者」であることを疑う人は少ないと考える。「思想史家」を自称しつつ、かつ「歴史学者」を称することは、政治学者と思想史家との関係よりもより葛藤は少ない。ただ、それが歴史学および思想史の方法論を突き詰めた結果なのかといえば、必ずしもそうではないだろう。単に過去を扱う＝歴史家という意識に基づいているに過ぎないのではないか(そのことは歴史学以外の分野の思想史研究者が間々自己を「歴史家」と称することと関連していよう)。

歴史学、政治学、思想史学と、それぞれが「学」を称する以上、それなりのディシプリンが存在しなくてはならないはずだが、その境界線はさほど自明なものではない。たとえば歴史学の中心的な手法に、史料をもとにした「実証主義」というものがあるが、では政治学者による政治思想史研究が実証的ではないかといえば必ずしもそのようなことは無い。かつては確かに、時代の前後関係を全く無視してある思想家の「本質」を探るような研究が多かった時代もあるが、現在ではそのような時代の前後関係を無視した研究は少なくなった。非常に精細な周辺状況の考証のもとに分析を行う政治学分野の研究者もおり、たとえば福沢諭吉の自伝『福翁自伝』に膨大な量の注を付した松沢弘陽校注『新日本古典文学大系 明治編10 福沢諭吉集』(岩波書店、二〇一一年)などは、まさに「最前線」の思想史研究が有する精細さを示す優れた成果であるといえるが、松沢もまた丸山門下の政治学畑の研究者である。

「入会地」であるからこそ、そこには学問分野の違いをこえた影響関係が存在し、政治学畑の思想史研究を歴史学の人が読まないとか、その逆とかいうこともない。とはいえ、そこに全く相違が存在しないかといえば、やはり学風ないし手法の傾向性というものは確実に存在する。しかし、その違いが何かを明言することは難しい。日本史の研究者にはくずし字を読める人が多く外国語や西洋思想に暗い傾向があるとか、政治学者はその逆であるとかの傾向性は明らかに指摘できるが、しかしこれもまたあくまで「傾向性」に過ぎないのであって、外国語のできる日本史研究者も、くずし字の読める政治学研究者も存在するのであり、ましてて方法論的にどのような違いがあるかということをはっきりと言うことは非常に難しい。

しかし実はこの問題は思想史にとっては非常に大きな問題である。というのも、政治史の場合、「事実に語らせる」というような手法がある程度有効で、政治的動向を細かに追ういわゆる「政局史」にも一定の意義があるのに対し、思想史の場合、単に誰々がこう言っていた、ということを並べるだけではほとんど研究としての意味をなさないからである。研究者が、どのような視角で対象を分析するかということが、思想史においては非常に重要な意味を持つ。筆者は学生時代に、ある教員から「思想史を研究するなら、自分自身も思想家であるぐらいでなくてはならない」ということを言われたことがある。果たして実践的な思想家である必要があるかどうかはともかくとしても、研究者の主体性や視角が強く研究に反映されるのが思想史だということだけは間違いあるまい。そしてこの研究者の主体性や視角を規定する問題意識は、戦後の日本近代思想史の確立から現在まで、大きな変容を遂げてきており、そのことは冒頭で述べたような、日本史特に近代史研究における思想史研究の現状と大きな関係を有している。

日本近代思想史の誕生と共通基盤

そもそも日本近代を対象とする思想史研究は、戦後になって確立した比較的新しい学問である。そしてその確立にあたってもっとも大きな役割を果たしたのが丸山眞男であることに異論を挟むものはないであろう。前述したように丸山は政治学の立場からの政治思想史研究を行い、思想家の言論内容ではなく、その思惟様式やそれが果たす機能に着目し、とりわけ日本の近世および近代の思想史のなかで近代的思惟様式がどのように萌芽的に誕生し、またそれがどう展開し挫折したのか、というような問題意識のなかで思想史研究を開始した（『日本政治思想史研究』東京大学出版会、一九五二年）。

これに対して、戦後の歴史学の側における思想史の開拓者としては、家永三郎を挙げるべきであろう。家永の思想史の分析手法は丸山とは大きく異なり、思想家が何を言ったか、という具体的見解の部分に重点を置きつつ、その進歩的な部分に可能性を見出すとともに、保守的ないし封建的な部分に限界を見出すというような点が顕著であった（『日本近代思想史研究』〔東京大学出版会、一九五三年〕、『植木枝盛研究』〔岩波書店、一九六〇年〕など）。かように二人の手法は異なるが、しかし、近代と封建、あるいは進歩と保守を分ける二分法的思考においては共通する部分もある。さらに、その中で近代的思惟ないし近代的思想の日本への定着こそが課題であるという同時代的な問題意識も共通している。両者ともに戦前の日本の軍国主義に対する批判・反省や、なぜ日本がそうなってしまったのかという問題意識を持ちつつ、その問題点の指摘を通じて日本の思想的な近代化を目指そうとする点で共通の問題意識を有していた。

政治学と歴史学の分岐

一九五九年から筑摩書房で出された『近代日本思想史講座』というシリーズが存在する。このシリーズには政治学や歴史学など分野をまたいだ研究者が参加しており、日本近代思想史研究確立の「共同宣言」とも言われる。つまりこの時代には政治学、歴史学など様々な立場の人が、前述した共通の問題意識のもと手法の違いを超えて共通の土台で共同宣言を行い得たということである。しかしこれ以降、歴史学の思想史と、政治学の政治思想史とは、大きく分岐していくように思える。そしてそれは政治学の政治思想史の側が変化したというよりも、歴史学の側が変化したことの方が大きい。政治学の政治思想史研究では、今日でも丸山眞男のプレゼンスは（それが現在でも実証レベルで通用するものと考えられているかどうかは別として）依然として大きい。他方、歴史学の場合、家永三郎の議論を方法論的に参照する人は今日ではめったに見ない。つまり丸山に始まる政治学上の思想史は方法的連続性を強く保持しつづけているのに対し、歴史学における思想史研究は方法論上の大きな変化を経験し、それは後述するように思想史研究そのものの存立にかかわるレベルにすら立ち至ったようにすら思える。とりわけ、人物を基礎とする思想史研究の扱いには違いがみられ、政治学における思想史においては人物を対象にした研究が現在でも盛んであるのに対して、歴史学の思想史においてそれは明らかに退潮傾向にある。これは、歴史学を取り巻く状況や、研究者の問題意識が変化したことの現れである。

そこには、また、政治学と歴史学の終極目標の違いが大きく作用していよう。つまり、政治学の一分野としての政治思想史というのは、あくまで政治に関わる概念・思想・思惟様式を検討することが問題意識にあり、最終目標は政治思想そのものである。しかし、歴史学の一分野としての思想史が最終的に目指すものは、思想そのものの解明ではなく、それを通じて、その時代の時代状況ないし社会のあり方を考えることにある。しかしそれでも初期において両者の間の差異がさほど意識されずに済んだのは、先述したように、両者の問題意識の共通性、すなわち、戦前日本の思想を明らかにすることが、現代日本のあり方を考えることにつながるという問題意識において共通し、かつ、西洋近代に代表される本来あるべき近代思想を、いまだ日本は獲得しえておらずと考え、それが一体なぜなのかを思想史分析から明らかにすることに意義がある、という考えが支配的であったからである。

民衆思想史の潮流

その後歴史学の側では、一九六〇年代へとはいっていくなかで、「民衆思想史」と呼ばれる潮流が生まれてくる。従来の思想史が扱ってきたのは頂点的な思想家にすぎない、明治以降の日本の歴史を規定したものを考えるためには、民衆そのもののあり方を問わなければならないという意識に基づくものである。その代表的作品としては色川大吉『明治精神史』（黄河書房、一九六四年）、鹿野政直『資本主義形成期の秩序意識』（筑摩書房、一九六九年）、そして安丸良夫『日本の近代化と民衆思想』（青木書店、一九七四年）などが挙げられる。色川大吉や鹿野政直の研究は政府と在野とを対比させて「もう一つの近代」を提示し、安丸良夫は民衆意識の内在的なあり方を描きだそうとするものであった。特に安丸の研究は、それまでの思想史のごとき、狭義の「思想」を問題とするのではなく、人間を取り巻く社会構造とのからみにおいて、「民衆意識」や生活様式を分析しようとする傾向が強い。その意味で色川の目指した民衆史とは大きな違いを孕んでいた。

この違いはそれ以降、別の方向に発展していった。特に色川の研究は、その後、一九八一年にいわゆる「民権百年」の大きな盛り上がりを見せた自由民権運動研究へと続いてゆく。そこでは、民主主義の源流としての自由民権運動を顕彰しようという問題意識のもと、数多くの民権家や民権結社の思想が検討され、その「民主主義」の可能性と、「国権」への傾斜という限界とが提示された。とはいえ、この「民権百年」の盛り上がりは、現在から見れば、衰退の前の最後の煌きであった。

問題意識の変容

その後このような問題意識に基づく自由民権運動研究は下火になっていくが、その最大の原因は、高度成長を経ることで、明治の思想を現在に通用しうるリアリティのあるものとして捉えられなくなった、ということが大きい。明治の民権家が仮に「優れた」思想を抱いていたとして、それを社会状況の大きく異なる現代に持ち出して何の意味があるのかという感覚である。また、高度成長を経て、日本がまぎれもなく「近代」になったという実感のなかで、「もうひとつの近代」はリアリティを持ち得なくなってしまったし、逆に「近代」は必ずしも我々を幸せにしていないという感覚も広まっていった。

こうして理想としての「近代」から、むしろ我々を自由にしないもの、人々の生を統合する装置として、近代を理解しようとする発想が強まってゆく。一九九〇年代になるとベネディクト・アンダーソン『想像の共同体』（リブロポート、一九八七年、原本は一九八三年刊行）をはじめとする国民国家論が大きな影響力を持つようになり、日本の近代にそうした方法論を適用する人々が現れ、大きな影響を日本近代史研究全般に与えるようになる（代表的なものとしては西川長夫・松宮秀治編『幕末・明治期の国民国家形成と文化変容』〔新曜社、一九九五年〕、西川長夫『国境の越え方』〔筑摩書房、一九九二年〕、『思想』一九九四年一一月号「特集・近代の文法」など）。

こうした研究潮流のなかで、近代の国民国家がいかに我々を無自覚のうちに縛っているものであったかが抉り出されることになるが、その結果として、自由民権運動研究や、人物を基軸とする思想史研究は大きな打撃を与えることになる。国民国家論の枠組みから見れば、民権派も、明治政府側も、共に国民国家を構築しようとする立場において同じ存在であるとされる（牧原憲夫『客分と国民のあいだ』吉川弘文館、一九九八年）。従来の民権思想の研究では、民衆のリーダーとしてともに政府と戦ったはずの、「優れた」民主主義思想を持つ民権家が、国民国家論の中では近代あるいは国民国家というものを、それを望んでいない民衆に押し付けようとする存在として描かれることになる。民衆そのものを検討する場合には、当初近代とは異質の存在として、それに反発ないしそっぽを向いていた民衆が、いかにして近代の装置にからめとられて、「国民」となっていくのか、という視点が中心となっていく。

こうしたなかで、さきほどの民衆思想史のうち、安丸良夫の方法論の延長線上に、民衆史研究は、狭義の「思想」を問題とするのではなく、人間を取り巻く社会構造とのからみにおいて、民衆の生活や意識を問題にしようとしていく。生活に根差し、明確な概念化にいたらない、喜怒哀楽を含む意識や感情、慣習行動といった全体的側面から捉えるようになり、それはもはや狭義の思想史というより、広義の文化史へと展開していく。

歴史学のゆらぎ

さらにこの時期の歴史学に大きな衝撃を与えたのは、いわゆる「言語論的展開」である。歴史学とは、過去に存在した客観的事実を明らかにするものであるという自明の前提が疑われ、むしろ歴史家の叙述によって過去の事実が作られていくという、歴史＝物語論が力を持つようになり、表象論・言説分析が盛んになっていく。こうした言説分析の流行はさらに人物の主体よりもテクストの機能を重視させ、人物研究の魅力を減退させた。

また「言語論的展開」が前述の国民国家論と結びつくことで、近代の歴史学自体が、無意識のうちにいかに国民国家の再生産の学となっていたかが批判の的となる。鹿野政直『化生する歴史学』（校倉書房、一九九八年）は、近代日本思想史が前提としてきた枠組みが解体され、「日本」「近代」「思想」「史学」がそれぞれ検討の対象となり、自明性を失ってきていると述べている。いわゆる歴史叙述に孕まれる枠組みを浮き彫りにしようとする「メタヒストリー」が盛んになっていくのも、そうした歴史学の自明の前提を疑おうという流れの結果であった。学問の客観性そのものを疑う流れは、たとえば、「学知」という言葉の流行ともなってあらわれた（岩波講座『帝国日本の学知』全八巻〈岩波書店、二〇〇六年〉など）。

この結果として、歴史学における通史や概説というものもその特権性を失った。つまり、一般的な歴史の流れ、客観的にみた時期区分というものが、いかに主観的で恣意的なものかということが暴かれた結果、いかなる通史も、一つの構築された見方に過ぎないということになり、歴史の流れを代表しうる特権性を失ったのである。

「通史」「概説」の現在

それでは、現在では通史・概説はなくなったのか。否である。しかしその構成は大きく変わった。例えばここで近年出た二つの書物を取り上げてみたい。河野有理編『近代日本政治思想史』(ナカニシヤ出版、二〇一四年)と中野目徹編『近代日本の思想をさぐる』(吉川弘文館、二〇一八年)の二冊である。前者は政治学、後者は歴史学を専門とする編者による、現在の思想史の「最前線」を、一般向けに伝えることを意図した書物であるが、両者ともにかつてのような意味での「通史」ではない。前者のうち明治期を扱った章のタイトルは、それぞれ「道と教え」「政体」「美」「軍事」「正閏《せいじゅん》」であり、分析のキーとなる概念がそのままタイトルにあてられている。またそれぞれには副題がついており、「正閏」の副題が「南北朝正閏論争」となっている以外は、すべて人物名があてられている。配列はおおむね時系列順になっているが。しかしそれはかつてのような各時期を代表する思想を提示したものとは謳っておらず、各タイトルに掲げられた概念をめぐる論争を軸に、当該期の政治思想が持つ多面性に斬り込んでいくものとなっている。いわば、かつての「通史」が一つの流れに思想を押し込めようとするものであったのに対し、本書で明らかにされるのはむしろそうした流れに押し込めない多面性である。

他方、中野目徹編『近代日本の思想をさぐる』の方は、そもそも時系列による配列を拒否したうえで、全体を「Ⅰ空間」「Ⅱ媒体」「Ⅲ手法」に分け、「Ⅰ空間」では「結社」「家族」「地域」「学校」、「Ⅱ媒体」では「新聞」「公文書」「教科書」「書物」「雑誌」、「Ⅲ手法」では「文献学」「概念」「アジア」「読者」「翻訳」という章タイトルが並んでいる。いわば、時系列でも問題史でもない、思想を、どのような立脚点から読み説くかの視角（アングル）を立体的・多面的に提示しようとしたものである。

つまり、両書共に、通史や概説として思想史の流れの「王道」を示そうというものではなく、分析する側の視角の多様性を強く意識しつつ、学問としての思想史のさまざまな切り口のあり方を示すことを目指したものとなっているのである。なお、河野編著が、意図的にさまざまな学問分野の執筆者を集めているのに対し、中野目編著は、あえて歴史学としての思想史研究にこだわった人選となっている。前者が異分野の融合による思想史の方法論の再構築を目指したものであるとするならば、後者は歴史学における思想史とは何かにこだわった書物であるということができるだろう。

歴史学の手法と思想史

中野目徹は、八〇年代から九〇年代にかけての、歴史学における思想史の退潮のなかで、日本史学の立場から思想史の方法論を模索し続けてきた一人であった。例えば中野目の第一作である『政教社の研究』（思文閣出版、一九九三年）は、明治二〇年代前後の国粋主義の担い手であった政教社を対象にしつつ、方法としては、ナショナリズムの理念型をあらかじめ措定された西洋型の思想に求め、それとの距離を測ってその健康性や反動性を指摘するような従来の手法を拒絶、思想を思想たらしめている社会的・制度的基盤に着目し、思想の生まれる具体的な「場」を重視することによって、明治一五年前後東京に存在した「書生社会」などに着目し、政教社およびその「国粋主義」の誕生と展開の過程を跡付けたものとなっている。

中野目の方法論的なこだわりについては『近代日本の思想をさぐる』の「開講の辞」にも披歴されているが、そこで中野目は、思想を読み解く「センス（感受性）」の重要性を指摘しつつ、しかしその「センス」には「天才は要らない」とし、それは「地道な基礎作業からしだいに培われていくもの」で「これこそが、いかなる流行の枠組みが導入されようとも少しも揺るがない思想史の方法」だと述べている。具体的には、同書の各章の共通の手法ともいうべき、関連史料の博捜と史料批判、それに基づく時代状況の重視である。

ここに日本史学における思想史研究の、現時点における一つの水準を見ることができる。すなわち、政治学畑の研究者による思想史研究の著作を読むと、間々そこに見られる天才的な発想や、美しい文体に瞠目させられることが多い。これに対して、歴史学畑の人々の作品は、極めて地味な作業の上に成り立った堅実なものが多い。中野目自身、思想史研究の傍らで『近代史料学の射程』（弘文堂、二〇〇〇年）により近代史料学を提唱し、その後雑誌『近代史料研究』（二〇〇一年～）を足場に史料研究を継続的に展開してきたこともあり、広範な関連資料の博捜、厳密な史料批判、そして思想の生れる場としての同時代の社会的文脈の重視という点において、今日最も「歴史学らしい思想史」の手法を作り上げることに成功しているといえるのではないだろうか。

史料批判という手法

こうした中野目の手法は、その門下生を中心に広がりを見せ始めている。たとえば、長尾宗典の『〈憧憬〉の明治精神史』（ぺりかん社、二〇一六年）は、全集のみに依拠した思想分析を批判し、周辺資料を徹底的に掘り起こしつつ、史料批判を行うことの重要性を提起するとともに、思想を生み出す「場」としての当時の雑誌読者たちの「誌友交際」の実情を明らかにしているが、これも中野目の方法論が開花した一例と評することができるだろう。こうした史料を重視した思想史研究の手法は、中野目が主催する『近代史料研究』各号にも垣間見ることができる。

なお、長尾も前掲書で指摘するように、従来の研究は全集など活字化されたテクストを安易に用いる傾向があったが、書翰や書類はもちろん、日記や自伝といった史料を網羅的に収集しながら、それを厳密な史料批判を通して分析することが、現在の思想史の水準では必須の作業となってくる。これとかかわって、近年の思想史研究では、無署名の多い新聞論説の比定についても、より精密な検証が必要になってきた。中江兆民の論説比定に用いた井田進也の手法（『歴史とテクスト』光芒社、二〇〇一年）を応用した平山洋が、従来福沢のものとされそのアジア蔑視・侵略論の根拠とされてきた『時事新報』所載論説を、福沢以外の手になる可能性が高いと指摘し、それら論説を根拠に福沢のアジア侵略論を批判する安川寿之輔との間に論争を繰り広げたが（安川『福沢諭吉の戦争論と天皇制論』〔高文研、二〇〇六年〕、平山洋『アジア独立論者福沢諭吉』〔ミネルヴァ書房、二〇一二年〕）。このほか都倉武之「時事新報論説研究をめぐる諸問題」（青木功一『福澤諭吉のアジア』慶應義塾大学出版会、二〇一一年）および平石直昭「福澤諭吉と『時事新報』社説をめぐって」（『福澤諭吉年鑑』三七、二〇一〇年）も参照）、こうした論説比定の手法はまだ完成したものとはいえず、それぞれの人物に応じた比定手法の進展・精緻化がなされていくことが求められている。

明六社同人研究の進展と西洋思想の相対化

なお、関連して、福沢とともに明治初期の思想界で活躍した明六社同人の研究が、二〇一〇年前後を境に飛躍的に進展したことも、近年の思想史研究の状況を示すものとして触れておく必要があろう。西周と津田真道を扱った大久保健晴『近代日本の政治構想とオランダ』（東京大学出版会、二〇一〇年）は、オランダの文献との丹念で精密な対比を行い、西洋思想そのものも一枚岩ではなかったことを明らかにする。河野有理『明六雑誌の政治思想――阪谷素と「道理」の挑戦』（東京大学出版会、二〇一一年）は、明六社の思想に対して従来使われてきた「明治啓蒙思想」

というような規定そのものを疑う視点を提示する。また拙著『西村茂樹研究』（思文閣出版、二〇〇九年）は、西村の思想を内在的に検討して、「国民道徳論」一般に解消されえない西村の議論の独自性を位置づけるとともに、西村が創設した日本弘道会の支会活動を追うことで、西村思想の裾野＝受容のあり方の多様性を描き出した。また西周に関しては菅原光『西周の政治思想』（ぺりかん社、二〇〇九年）も出されている。

右の書籍のうち、拙著を除いてはいずれも政治学畑の研究者によるものであるが、いずれの研究も、西洋思想を基軸としてその理解度の深浅を測ったり、思想の受容の特殊性や限界を描いたりすることへの異議申し立てという点で共通している。実は政治学分野においては、一九八〇年以降も、丸山の方法論の延長に、その西洋政治思想・概念の移入の観点を深めるかたちでの研究が重ねられ、松沢弘陽『近代日本の形成と西洋経験』（岩波書店、一九九三年）、宮村治雄『開国経験の思想史』（東京大学出版会、一九九六年）をはじめとする多数の優れた成果が生みだされてきたが、二〇〇〇年代後半になって、政治学においても評価基軸としての西洋政治思想からの自立の機運が生じて来たことを示している（なお明六社に関しては本稿脱稿後、加藤弘之を扱った『〈優勝劣敗〉と明治国家』〔ぺりかん社、二〇一九年〕が中野目門下の田中友香理によって発表された）。

政治史研究における人物研究の隆盛

日本史研究の分野では人物を基軸とする明治期の思想史研究は以前ほどの活況を呈していない

と前述したが、その一方で、思想史以外の分野、特に政治史研究の分野では、逆に人物研究が非常に盛んになっている。伊藤之雄による政治家の伝記や、中公新書から次々と出される政治家の伝記が多くの読者を獲得している。筆者は、こうした政治家の人物研究が提示している論点には、必ずしも政治史のなかで完結せず、思想史との接続の可能性を持つものがあるように感じる。

たとえば従来あまり着目されなかったにもかかわらず、近年注目を集めている人物に桂太郎がいる。小林道彦『桂太郎――予が生命は政治である』（ミネルヴァ書房、ミネルヴァ日本評伝選、二〇〇六年）、千葉功『桂太郎――外に帝国主義、内に立憲主義』（中公新書、二〇一二年）、伏見岳人『近代日本の予算政治 1900-1914』（東京大学出版会、二〇一三年）などが対象としているが、従来桂といえば、第一次護憲運動での攻撃対象となり、議会主義に真っ向から対立する人物と考えられていたが、とりわけ小林と伏見の研究では桂の「立憲主義」を再評価しようという傾向がみられる（千葉の見解はまたそれとは異なるのも面白い）。この他にも、小林和幸『谷干城《たにかんじょう》』（中公新書、二〇一一年）は、従来保守主義・国家主義として片付けられてきた谷の愛民主義や平和主義などの意外な側面に着目することで、国家主義というものの複層性を明らかにしようとしている。拙著『大隈重信』（中公叢書、二〇一七年）もまた、従来あまり着目されてこなかった大隈の「文明運動」や「東西文明の調和」論に着目し、それが彼の政治的リソースの形成に大きな役割を果たしたことを論じた。瀧井一博による『伊藤博文』（中公新書、二〇一〇年）は伊藤を「知の政治家」と位置づけており、同じく瀧井の手になる『ドイツ国家学と明治国制』（ミネルヴァ書房、一九九九年）、『文明史のなかの明治憲法』（講談社選書メチエ、二〇〇三年）の延長線上に、明治日本の政治家による「国制知」を、文明史的な観点から位置づけようとする著作であるといえる。

こうした政治史・法制史の側からの人物研究の隆盛と、思想史にも通じうる論点の提示に対して、思想史の側がどうこたえるかということが、今後の明治思想史研究の課題のひとつであると言えるのではないか。たとえば桂の「立憲主義」は、同時代のジャーナリストや知識人の立憲主義ないし立憲政治の概念の文脈と対比させることでどう読み解けるのか。こうした思想史と政治史との接点を意識した業績として、早くは山室信一『法制官僚の時代』（木鐸社、一九八四年）があり、ドイツ学とフランス学、イギリス学の争いと、明治一四年の政変におけるドイツ学の勝利の過程を、井上毅ら官僚たちの思想に即して明らかにしている。こうした思想史と政治史との接点を探る研究は、その後あまり深められてはないが、今後さまざまな展開の可能性があると考える。

政治史と思想史の架橋

いくつかその可能性を示す具体例をあげれば、一つには、思想家の動きを政治史的文脈を踏まえて解読する方法が挙げられる。たとえば、明治一四年の政変において、大隈重信と福沢諭吉は結託していたとみられることが多いが、事はそう単純ではなかった（詳しくは、小林和幸編『明治史講義【テーマ編】』第一〇講〔ちくま新書、二〇一七年〕および拙稿「福沢諭吉と大隈重信のあいだ」

〔『福澤諭吉年鑑』三八、二〇一一年〕を参照）。開拓使官有物払い下げに世論が沸騰し、それを大隈が福沢に情報を漏らしたことによると政府が疑っているさなか、福沢は大隈に対して「明治政府には十四年間この類之事不珍。何ぞ此度に限り而喋々する訳もあるまじ」（『福澤諭吉書簡集』第三巻、岩波書店、二〇〇一年、一三九頁）と、政府批判に自らが関与していないそぶりを見せている。しかしその一方で福沢は、実際には門下生を煽動して各地メディアを足場に反対運動を行わせていた。いわば薩長からは福沢と結託していると疑われた大隈も、福沢によって欺かれていたのである。さらにその後、大隈によって立憲改進党が結党されると福沢は門下生に対して参加を止めるよう働きかけ、また立憲改進党が府県会を足場に政府との闘争を進めるべく府県会議員の会合を福沢所有の明治会堂で計画すると、福沢はその直前になってこの会場の所有権を政府に売り渡すというような妨害行為を行っている。明治の思想家の多くはこうした一種の「政治家」としての側面を持っている人々が多いが、そうした政治的行動を視野に入れてテクストを読み解くことで、思想の新しい解釈が生まれて来る余地は大いにあるだろう。政治史と思想史の橋渡しをおこなう上では、その結節点としての人物を基軸とする手法が大きな利点を有している。人物を基軸に思想史と政治史とを絡ませ、思想史の領域を拡大しながら磨いていく足場として、人物研究の持つ可能性は非常に大きいと筆者は考える。

また筆者がもう一つ今後の発展の可能性を感じるのは、「政党」の思想史的研究である。従来政党というものは、政治史的検討ばかりがなされてきており、思想史的視角からアプローチしたものとしては山田央子《えいこ》『明治政党論史』（創文社、一九九九年）などがあるにすぎない。山田の研究は貴重な先駆的成果であるが、その反面政治史的な文脈については充分に考慮されていない憾みがあり、また対象としても一部民権家や福沢、陸羯南《くがかつなん》などわずかな対象を扱ったにすぎない。今後より多くの対象を、議会開設後に至るまで含めるかたちで検討し、議会開設後にしばしば提示される「党弊」観念や、現実の立憲政治の動向と絡めながら検討することで、思想史の新たな発展が望めるのではないか。とりわけ、政党が国民の幅広い裾野と接点を有する存在であることを踏まえるならば、思想史の対象領域として、さまざまな側面から検討がなされてよいはずであろう。

そして実はこうした橋渡しの契機を萌芽的にではあれ、生み出すきっかけになりそうな研究は、いくつか出てきている。たとえば、江戸の「知識」が明治の「政治」にどのように接続したかを問う松田宏一郎『江戸の知識から明治の政治へ』（ぺりかん社、二〇〇八年）や、かつてであれば思想史の主体として検討されえなかったであろう元老院という政治的な場と、そこで活動した議官たちに焦点を当てた尾原宏之『軍事と公論――明治元老院の政治思想』（慶應義塾大学出版会、二〇一三年）などである。また近年盛んな幕末から維新期にかけての「公論」にかかわる研究も、政治と思想の接点となるものである（三谷博編『東アジアの公論形成』東京大学出版会、二〇〇四年、池田勇太『維新変革と儒教的理想主義』山川出版社、二〇一三年など）。またその延長線上に自由民権運動の捉えなおしも可能になってくるのではないかと考える。

ただし、こうした思想と政治との接点を意識しうる業績が明治前期に偏っていることも事実である。かつての思想史研究は、明治初期の思想を明治啓蒙→自由民権→平民主義・国粋主義→社会主義という見取り図で描くことが多かったが、明治後期の思想を社会主義のみで代表させることはできまい。前述したように、通史・概説的叙述から多くの研究者が遠ざかったことで、この図式は、現在では、再検討されないまま放置されている感がある。特権的な通史としてではなく、時代状況の一つの切り口として、議会開設後の政治思想の捉え方としてどのような見取り図を提示しうるかは、今後の思想史研究の大きな課題なのではないか。

グローバル化のなかで

本章のこれまでの叙述のほとんどは国内における研究史の展開ばかりを扱ってきた。ひとえに筆者の能力の限界であるが、グローバル化の展開のなかにあって、今後は思想史も世界の多様な研究との接点を持つことが不可欠となるであろう。かつての政治思想史研究が西洋思想を評価軸としてきたということへの反省から、現在では東アジア的文脈への着目が一つのトレンドであるということができる。そのことは、かつて、ドイツ学・フランス学・イギリス学の争いを基軸に明治前期の政治と思想の絡まりあいをえがいた山室信一が、近年は東アジアの思想連環をテーマに精力的に研究を発表してきたことにも、象徴的に表れている（山室信一『思想課題としてのアジア』岩波書店、二〇〇一年、『アジアの思想史脈――空間思想学の試み』『アジアびとの風姿――環地方学の試み』ともに人文書院、二〇一七年)。

東アジアとの関係を思想史的に論じるうえでは、いきおいナショナリズムをどう分析するかも課題となってくるであろう。紙幅の都合もあり、明治二〇年前後のいわゆる国粋主義についてのみ言及すれば、前述した中野目徹『政教社の研究』の続編ともいえる『明治の青年とナショナリズム』(吉川弘文館、二〇一四年)が出たほか、中川未来『明治日本の国粋主義思想とアジア』(吉川弘文館、二〇一六年)も、稲垣満次郎・志賀重昂《しげたか》・高橋健三・陸羯南・内藤湖南を扱った成果である。また陸羯南についてのまとまった伝記としては、松田宏一郎『陸羯南 自由に公論を代表す』(ミネルヴァ書房、ミネルヴァ日本評伝選、二〇〇八年)をはじめいくつか存在していたが、他方で三宅雪嶺については研究書こそあれ、学術的な分析を踏まえた伝記的研究は存在しなかった。しかし最近になり中野目徹『三宅雪嶺』(吉川弘文館、人物叢書、二〇一九年)が刊行された。九〇年代に流行した国民国家論の検討では、明治政府も、そしてそれに対峙した民権派や国粋主義者も、同じ国民国家の立ち上げにかかわった陣営として、前近代的な民衆と対峙する存在として描かれがちであったが、これらの研究によって浮かび上がってくるのは、「国民国家」の一言では表現しえない、ナショナリズムの多様性であり、それら相互の関連や対抗関係である。

だが、多様性や対抗関係を明らかにすることは必要なことであるが、それを踏まえて、それではより大きな部分でどうナショナリズムを捉えるのか、という課題は依然として残されているように思われる。かつての丸山眞男による「健康なナショナリズム」という概括は、今日の研究水準には通用しないにせよ、近代ナショナリズムの一つの大きな見取り図を与える規定であり、だからこそ大きな影響力を有していた。その点、人物を基軸にした思想研究は一人の人間を捉えるものにすぎず、当然ながら限界を持つ。歴史学は、微細な個別的事実を、細かに積み上げていくことが任務で、それ抜きにして全体像を語ることは慎むべきだが、しかし同時に個別研究に留まるのではなく、どう個別的事実を相対化し集積し、全体像を見渡すかが次の課題として問われねばなるまい。

従来のナショナリズム研究は、大きな枠組みをともすれば政治学や社会学に頼る傾向があった。むろんそれは必ずしも批判されるべきことではないが、しかしそうした外側の理論に乗っかるだけであれば歴史学の存在意義はない。そうではなく、自らの方法の利点と限界を認識しつつ、他の学問分野との接触を心掛けるならば、「入会地」ならではの発展が見えてくるに違いない。

前述したようにグローバル化のなかでの海外の研究との接触も今後は不可欠なものとなっていくであろう。本稿では日本史学の枠組みに一定のこだわりをもちながら叙述を進めてきたが、しかし日本史の枠組みに籠ることが正しいと主張したいわけではない。筆者も最近、中国の大学での研究報告を求められた際に、ナショナリズムという言葉をどう訳すかに非常に悩むという経験をした。国民や民族という概念が、日本と重なりつつ微妙に異なる文脈のなかに自らの研究を置くことが、自らの知らず知らずに陥っている枠組みを再確認し、方法的革新を遂げることにつながっていく。細かな検証を積み重ねながら、最終目標としての全体像を常に意識しつつ、自己の方法論にこだわりながら他との接点を意図的に持つことで、新たな道を切り開いていくことが必要であり、そうしたことの積み重ねの先に、今後の思想史の「最前線」が動いていくことになるのであろう。

コラム9

明治「保守」思想研究の論点

中野目 徹

「保守」で「民権家」？

私の手許に古書店で購入した「大日本民権家政党一覧表」なる相撲の番付仕立ての史料がある。出版された明治二十三（一八九〇）年六月十四日は、第一回衆議院総選挙の二週間前に当たる。与えられたお題ではあるものの、たまたま入手した番付表にことよせて、明治「保守」思想研究の論点について少しく考えてみたい。

さて、この史料で行司として名前が挙がっているのは板垣退助、大隈重信、後藤象二郎……、東の大関は矢野文雄（改進）、ついで島田三郎（同）、田口卯吉（同）……、西の大関は星亨（自由）、ついで末広重恭（大同）、大井憲太郎（自由）……、東が改進党系、西が自由党系のようである。

東の四段目を見たとき、私は一驚を覚えた。行司に鳥尾小弥太《こやた》、谷干城《かんじょう〔たてき〕》、浅野長勲《ながこと》……、力士には杉浦重剛《じゅうごう》（保守）、志賀重昂《しげたか》（同）、陸実《くがみのる》（同）、三宅雄二郎（同）……、一段目と同じ大きさの二号活字で日本新聞社や政教社のメンバーの名前が並んでいるのである。高橋健三や今外三郎《こんそとさぶろう》や棚橋一郎の名前もある。「保守」とされた彼らを「民権家」や「政党」という括りでとらえ、改進党や自由党と同列に「保守」党と分別してしまってよいのだろうか。

政教社の機関誌『日本人』第二八号（明治二十二年七月三日付）に、主要メンバーの一人である菊池熊太郎は論説「新保守党なる名称は熨斗《のし》付きの儘《まま》返却すべし」を書いて、政教社が政党であること、とくに「保守党」と見なされることに強い拒否反応を示していた。三宅雪嶺の場合、「民権家」の思想的遺産を継承している側面があり、同時代にあっても学者とも政治家とも区別のつかない「どうも変な人」（伊藤痴遊）と見られていたことは確かである（中野目徹『三宅雪嶺』吉川弘文館、二〇一九年）。しかし、少なくとも私はこれまで、政教社や三宅雪嶺の思想を明治「保守」思想という枠組みで考えたことはなかった。

「保守」思想研究の系譜

戦後における明治「保守」思想研究の系譜を瞥見しようとしたとき、ごく限られた紙面でエドマンド・バークや英国の保守主義について概観する余裕はないものの、いち早くそれら西欧の保守思想の動向をふまえて、陸羯南の思想の「保守」性を認めたうえで、多くの「民権家」と較べて「節操」と「一貫性」の面から高く称揚したのは丸山眞男氏であった（「陸羯南——人と思想」、『中央公論』一九四七年二月号）。その後は、本山幸彦氏が「伝統的、儒教的な理念に結びつく保守主義的な政治思想」の持ち主として谷干城を取り上げたのが注目される（「儒教的徳治主義の理想と国民政治の形成」一九五六年〔『明治思想の形成』福村出版、一九六九年所収〕）。

なかでも、明治の「保守主義」思想の解明を生涯の研究課題としたのは沼田哲《さとし》氏であった。本人の手でまとめられ没後公刊された『元田永孚と明治国家』（吉川弘文館、二〇〇五年）は、副題を「明治保守主義と儒教的理想主義」としていることからも分かるとおり、明治天皇に近侍して特異な政治力を発揮した元田永孚《もとだながざね》を、徳治主義の立場から藩閥政府による官僚支配（法治主義）に対抗する政治理念の保持者として、明治国家の形成過程のなかに位置づけることに成功している。

最近では、萩原隆氏が『日本における保守主義はいかにして可能か』（晃洋書房、二〇一六年）で、津田左右吉の日本・日本人論を媒介させて政教社の志賀重昂の思想を論じているが、右に述べてきた政治的保守主義に関する研究の系譜とは一線を画するものになっている。

論点の整理

では、明治「保守」思想研究にはいかなる可能性があるだろうか。

第一に、研究の系譜からいえば、西欧をモデルとする政治的保守主義の思想を明治維新後の政治家や思想家の発言や行動のなかに見出して評価していこうという研究動向は一つの高原現象を示しており、今後それが継承・発展されることはあまりないように思われる。

かといって、第二に、当時実際に「保守」を名乗ったほとんど唯一の政治勢力であった鳥尾小弥太と明治二十一年に結成された保守党中正派《ちゅうせいは》についても、真辺将之氏の研究によれば、その思想の根幹には個別性の発揚を通して普遍＝世界への貢献という視点がなく、守旧的色彩が濃いとされ、第一回総選挙で惨敗してからは目立った活動が確認できないとなると（「議会開設前夜における保守党中正派の活動と思想」『史観』第一四二冊、二〇〇〇年三月）、研究対象としてはあまり魅力を感じない。

　第三に、冒頭の番付表に戻ると、ここで日本新聞社や政教社のメンバーが「保守」党に分類されているのは、前年すなわち明治二十二年の五月から十月頃まで盛んに展開された黒田清隆内閣の外相・大隈重信による条約改正交渉に対する反対運動のなかで、彼らが鳥尾や保守党中正派と行動を共にすることがあったという同時代の人びとの記憶に基づくものであろう（中野目徹『政教社の研究』思文閣出版、一九九三年）。このとき同じく反対運動の陣営に属したのは、宮中の元田をはじめ、谷や浅野、そして佐々友房《さっさともふさ》らの熊本紫溟会《しめいかい》や頭山満《とうやまみつる》らの福岡玄洋社であり、番付表で「保守」として一括された人びとである。

　しかし、そもそも明治二十三年に「保守」すべき政治資産とは何であったのか。藩閥政府の権力主義や自由党・改進党の「急進」主義の思想に対抗するといっても、よもや旧幕時代を（フランスの王党派のように）復活させようと企む者は存在しない。保守党中正派の機関誌『保守新論』に掲げられた「立党大意」は、「保守トハ守成ヲ主トシ結果ヲ受用スルヲ目的トス」という一文で始まっているが、これでは抽象的にすぎて何を「保守」しようとするのか判然としない。

元田は「保守」を自称せず翌二十四年に没するが、その後、日本新聞社や政教社の面々をはじめ右に挙げた人びとは、対外硬運動など日清戦争期から日露戦後期にかけての様々な政治運動のなかで、ときには「民権家」とも連動しつつ、離合集散しながら独自の位置を占め続けていくのを見るとき、番付表でいったん「保守」と括られた彼らの思想的生産力の伸びしろこそが、研究対象としてはむしろ興味深い（小林和幸『「国民主義」の時代』角川選書、二〇一七年）。

時代のなかで生まれた言葉が、時代の進展に応じて変容を遂げるのだとしたら、明治という時代はその速さと思わぬ拡がりに驚かされる。

コラム10　天皇研究の論点

梶田明宏

近代天皇研究の現在

天皇研究は、近代日本史研究の中でも、近年になってもっとも急速に進み、多様化した分野であるといって過言ではないだろう。その要因は、昭和天皇崩御後、天皇に対する国民や研究者の意識が変化したことと、天皇に関する資料公開が大幅に進んだことである。明治天皇・大正天皇・昭和天皇に関して、その生涯に関する評伝的研究が何冊も出され、そのほか、皇后や皇族に焦点を当てた研究、天皇や皇室制度に関する法制史的研究、儀式に関する研究、社会史的研究などもある。

だが、ここに至るまで、天皇研究は行いやすい環境ではなかった。天皇研究を考えるには、その経緯を確認しておくことは重要であろう。

昭和戦前までの研究状況

いうまでもなく、戦前においては、天皇に対する「不敬」な言動は取り締まりの対象となり、批判的な研究はほぼ不可能であった。一方で、明治天皇は偉大な君主であったとして、多くの関係者がその「聖徳」を証言としてメディアに発表し、それが明治天皇像として形作られていった。大正天皇については、在位の後半は病気のため政務を執ることはできず、摂政設置や崩御の際には病気の来歴や症状が具体的に公表され、一方で公表以外の病状や動静は厳重に秘匿されたこともあり、具体的に語ることはタブーのようになっていた。昭和天皇については、皇太子時代、摂政就任前の御渡欧の様子が国民の人気を博し、それ以降、その経歴や日常の様子などが、側近や関係者の口から盛んに語られるようになり、即位後、それらが新たな天皇像としてまとめられた。

注意すべきことは、これら戦前の天皇像は一面的で、極端に美化された内容ではあるけれども、必ずしも嘘や虚構ではなく、一定の事実、根拠を踏まえていることである。現在の研究において、これらの証言は十分活用されているとはいえず、今後整理し検討していく必要がある。

昭和戦後期の天皇研究

戦後は、言論の自由が保障され、メディアでは天皇や皇室に関する出版や報道があふれかえる状態となった。宮中関係者等の著作には、明治・大正の宮廷の内幕を証言するものもあれば、昭和天皇に関し、「人間天皇」の側面を紹介するものも多くあった。

天皇研究も自由になったものの、学術的な天皇研究に関しては、左右のイデオロギー対立が激しく、天皇を正面から客観的・実証的に研究することは、左右どちらからも批判にさらされることになり、行いにくい雰囲気があり、取り上げる研究者も少なかった。また、戦前は、天皇は補弼《ほひつ》者が決定したことを裁可するだけの立場で、例外は二・二六事件の鎮圧指示と終戦の決断だけであったという言説が、昭和天皇自身の言葉も含めてなされていたことから、旧憲法下では天皇の能動的政治指導がほとんどなかったような誤解があり、それが天皇の政治的役割の過小評価に繋がり、研究者が無関心の原因の一つとなった。

明治天皇に関しては戦前に宮内省で編纂された『明治天皇紀』が公刊され、その資料が宮内庁で公開され、それらを活用しての研究が緒に就いた段階であった。昭和天皇に関しては、『木戸幸一日記』『本庄繁日記』など側近の一次資料が公刊され、それらにもとづく研究は進んだものの、その他の側近の重要資料が公開されたのは、平成になってからであった。昭和天皇が崩御してから、呪縛が解けたように「入江相政《すけまさ》日記」「牧野伸顕日記」「奈良武次《たけじ》日記」「河井弥八日記」などの側近日誌が公開された。また、情報公開も進み、宮内公文書館など天皇関係史料の閲覧も容易になった。今なお、天皇に関しては過去に作られた天皇像を支持する人も今なお多く、他方で天皇そのものを否定的に考える人も多いが、そうしたことにとらわれず、天皇の役割を実証的に論じた研究が増えてきたのは、こうした流れである。

天皇研究の特殊性

近代の天皇は特殊な立場である。自らの意思でその地位を獲得したのではなく、制度により定められた運命によって天皇となり、自ら「天皇であること」を実現する努力をしたし、周囲からも「あるべき天皇」であることを求められた。どのような天皇であるべきかは時代によって異なるが、戦前では、神聖にして侵す可らざる存在であり、大元帥であった。戦後は、平和を希求する日本国および日本国民の統合の象徴であり、憲法の定める国事行為のみを行い、国政に関する権能を有しない存在となった。いずれにしても、天皇の公の言動はいうまでもなく、私的な言動についても、憲法に反するようなこと、あるいは期待に反する言動は公にしてはならず、徹底的な演出がなされてきたのである。

特に、昭和天皇に関し戦後の「戦争責任」「退位論」「沖縄問題」「靖国問題」などは政治問題と直結する可能性があり、政府も宮内庁も神経質であった。これらについては、今なお、現在の政治問題とは切り離された意味での「歴史」となっていない部分もある。

いずれにしても研究者として必要なことは、天皇は、常にその時その時の姿が演出され、作られる存在であることを念頭に置くことではないか。それは、平成時代の天皇でも現在の天皇も同じである。そうした造られた天皇像を支持するにせよ、それとは異なる「実像」を明らかにするにせよ、天皇とはそういう存在であるという認識の上に、研究は行われるべきであろう。

コラム11

明治知識人研究の動向

松田宏一郎

四つの傾向

このコラムでは、政治思想史の視点から、「明治史研究」の一角として知識人研究がどういった状態にあるのかをスケッチしたい。

仮に「最前線」を最近一〇年間の注目すべき研究動向と限定しても、そのすべてを紹介することは不可能である。大まかな傾向としては、①思想作品を複数の視点から分析し、そこに読み取れる意味を重層的に描写する、②思想作品の内容や思想家の関心と無関係なところからテクストの読解方法やその思想史的価値を裁断する基準を輸入しない、③時代や地域を所与の前提としない（たとえば「明治」、「西洋」、「日本」といった暦や地域の名称なのか文化概念なのか不明なくくり方を疑ってかかる）、したがって、「明治史」という概念は時代遅れである、④研究者も読者も日本語を母語とする日本国内生活者だけではない、といった諸点を挙げることができる。

①については、まず明治期の知識人には多言語使用者が多いため扱うテクストも多言語（複数の西洋語、古典漢文）である。またその知的背景は日本語で得られる教養だけに限定することができず、西洋思想や漢文による思想世界も当然背景となる。思想作品の作者の意図

がテクスト上で十分に統制されているとは限らないため、同じ人間が考えたことが重層的・複合的であることを当然と受け止め、その解剖学的分析をすることも必須である。

②については、二〇〇〇年代に入って日本思想分野の勉強を始めた世代では当然の作法かと思われるが、それ以前にはマルクス主義、近代化論、ポスト構造主義、ポストコロニアリズム、フェミニズムなどで提起される価値評価軸をそのまま利用しようとする研究が少なからずあった。今日そういった、〝何とか主義〟らしいそぶりをみせる論文は、いわゆる「ネタ」としてのサンプリングか意図的なパロディしかない。これは研究者から問題意識が欠落したのではなく、従来の問題意識らしきものをそのまま用いると、情緒的な声援や悲嘆や心構えに難しそうな用語をはりつけたものに過ぎなくなってしまうからである。問題の捕捉方法ははるかに知的なものとして洗練された。したがって思想史研究で「泣ける」ことはない。簡単には「目から鱗」も落ちない（この表現を使う人は新約聖書を読んだことがあるのだろうか）。

③については、一般的に何となく了解済みとされている時代区分、地域区分、さらに研究対象の知識人にとって、同時代的に意味が確定していない、あるいは明確に使用者の政治的意図が込められた用語の使用を避けるか、意味を限定した上で使用するのが常識である。「維新」、「幕府」、「朝廷」、「藩閥」といった語や「近世」、「近代」といった時代区分用語、「アジア」のような地域概念、「民主主義」といった政治体制や政治原理を示す用語など、すべて慎重に、アナクロニズム（用語法の歴史的錯誤）に陥らないように扱わねばならない。

④については、まず日本思想の研究者が日本語を母語とする、日本で教育を受けた者だけではないことはすでに常識である。その上で注意すべき点は、読者が日本の外にもいることである。日本語で専門論文を読めるのはその分野の専門研究者に限られるが、近年では、英語、中国語、韓国語への翻訳、さらに英文で自ら執筆する日本国内の研究者が増加しており、外国語で発表、翻訳された論文で大学の教材として使われているものが多数ある。また日本国外の学会での研究報告も増えており、進行中の研究のアウトラインを説明する機会も多くなっている。

最近一〇年間の代表的研究

こういった状況を踏まえた研究を少しだけ紹介すると、大久保健晴『近代日本の政治構想とオランダ』(東京大学出版会、二〇一〇年、英語版もある)、尾原宏之『軍事と公論――明治元老院の政治思想』(慶應義塾大学出版会、二〇一三年)、河野有理『明六雑誌の政治思想――阪谷素《さかたにしろし》と「道理」の挑戦』(東京大学出版会、二〇一一年)、菅原光『西周の政治思想――規律・功利・信』(ぺりかん社、二〇〇九年)を挙げたい。英語読解力のある読者は、Kiri Paramore, *Japanese Confucianism* (2016) を手に取ってほしい。

また若手の最近の成果を知りたい場合は河野有理編『近代日本政治思想史――荻生徂徠から網野善彦まで』(ナカニシヤ出版、二〇一四年)が役立つ。収録論文の中では特に、三ツ松誠「宗教　平田篤胤の弟子とライバルたち」、李セボン「道と教　阪谷素と中村正直」が明治政治思想研究の骨格部分に重要な示唆を与える。また、初期の明治知識人は徳川時代の生まれであるから、近世儒学、国学などの理解は不可欠である。高山大毅『近世日本の「礼楽」と「修辞」――荻生徂徠以後の「接人」の制度構想』（東京大学出版会、二〇一六年）、島田英明『歴史と永遠――江戸後期の思想水脈』（岩波書店、二〇一八年）を読まずに明治思想を語ることはできない。清代の中国や一九世紀の西洋についても読むべき文献があるがここでは割愛する。

一つ指摘しておかねばならない問題がある。関口すみ子『国民道徳とジェンダー――福沢諭吉・井上哲次郎・和辻哲郎』（東京大学出版会、二〇〇七年）のような政治思想研究の作法で書かれた成果が、思想史研究というよりジェンダー研究のカテゴリーに押し込まれて、思想史一般への貢献を軽視されているのではないかという懸念である。そもそも政治思想という分野が男性優位の傾向があるだけでなく、男性優位主義は「近代」政治体制と密接な関係がある。皮肉なことに、明治知識人研究が〝何とか主義〟に絡め取られまいとして、ジェンダー問題そのものから退避してしまっている危険がある。

第四章　帝国議会史研究——初期議会を中心に

小林和幸

はじめに

本章では、明治期帝国議会に関する研究のうち、特に帝国議会が開設され、議会慣行が安定に至るまで（概ね初期議会・日清戦後期）について、近年刊行された単著の紹介を中心に研究状況や史料、課題といったことにつき、考えていきたい。

かつての日本近代史研究で、帝国議会は、立憲制の本質を伴わない「外見的立憲制」にすぎない、といった評価が通説の地位を占めた時期があった。そこでは、自由民権運動や民権結社による私擬憲法の民主的・進歩的な性格が丁寧に検討され描かれる反面、明治藩閥政府の絶対主義的姿勢が強調された。筆者が高等学校で日本史を学んでいた時に副読本として使われた『日本史史料集成』（第一学習社、一九七九年）には、黒田清隆の「超然主義」演説・「立憲政友会宣言」・幸徳秋水の「自由党を祭る文」の「解説」として、以下のように記されていた。

大日本帝国憲法発布の翌日、黒田清隆首相は、地方長官を鹿鳴館に招集して、いわゆる超然主義を宣言した。これは、内閣は議会政党に超然として組織するというものであり、同時に枢密院議長伊藤博文も「政党政治否認」を声明し、政党を軽視する態度を示している。ところが、帝国会議が開かれると、立憲自由党と立憲改進党とは民党として過半数を占め、予算案に反対して政府と対立した。政府は解散と目にあまる選挙干渉をしてこれに応じていたが、民党は総選挙のたびごとに勝利をおさめていた。しかし、日清戦争後、政府は時代の大きな転換の中ですっかり変質した自由党に接近し、一九〇〇（明治三三）年には、伊藤博文による立憲政友会が成立した。幸徳秋水（中江兆民の弟子）はこれを批判して「自由党を祭る文」を書き、その後、社会主義運動に献身することとなった。

この「解説」の記述は、史料一つずつの説明としては、誤ったものではない。しかし、初期議会を通じた説明としては今日の研究から見ると不十分な点がある。こうした記述となった要因は、その頃までの通説をふまえて記されたためと思われる。いわゆる「戦後歴史学」が描く、初期の帝国議会評価である。それは、おおよそ以下のごとく語られる。

〝明治維新によって成立した薩長を中心とする藩閥政府は、立憲政治の設立に消極的であった。明治初年に、国民の権利や自由を重視する自由民権運動が起こるが、その国会開設の強い要求に対し、藩閥政府は、限られた譲歩を行い欽定憲法として明治憲法を制定する。この間、人民による革命をめざした自由民権運動は、藩閥政府による厳しい弾圧により挫折し、また寄生地主制の成立により明治絶対主義の基盤が形成される。藩閥政府により制定された明治憲法は、天皇大権が強大で人民の権利保障が不十分な上、行政権に比して議会権限が弱いものであった。しかも藩閥政府は、議会開設に際して、政党を政権から排除する「超然主義」を標榜し、「見せかけ」の立憲政治が開始されたとする。また、開設当初は、民党が軍拡予算の削減を行うなど政府に対抗したが、解散や選挙干渉による制約を受ける。その後、次第に政党は民権運動時代の革命的な理念を喪失して地主政党となり、本来あくまで藩閥政府に対抗すべきところ、やがて藩閥政府への妥協と屈服という結果をきたす。政府に対抗する役割は、社会主義運動に担われる〟——といった図式であった。

その頃の一般的な高校の日本史では、明治憲法を説明するとき、あわせて現在の日本国憲法を示し、君権主義と平和主義、天皇主権と主権在民、法律の制限のある「臣民の」権利義務規定と基本的人権の保障といった対比がなされ、明治憲法の非民主性が強調された。また、帝国議会と戦後の国会は、帝国議会が単なる協賛機関で貴族院と衆議院が平等であったのに対し、国会は、国権の最高機関・衆議院の優越が確保されていた、という対比となる。明治憲法の規定では、確かに天皇大権や絶大な行政権の存在を示す規定が存在する。しかし、そうした明治憲法が、実際にどのように運用されていたのかを問おうとする視点は、不十分なものであった。

また、先に引用した「解説」では、「超然主義」が議会開設によっていかに推移したか、民党の内いずれ立憲政友会となる自由党がなぜ「すっかり変質」し、政府との接近を選択したか、「政党政治否認」を主張していた伊藤博文が立憲政友会を組織し、立憲政友会を基盤として内閣を組織するがそれはなぜで、そうした伊藤の思想や理念はいかなるものであったのかなどという当然起こるべき疑問を最初から捨象するものであり、実際の議会活動・議会運営の面で、前述の通説は、あまりに不十分であった。これらの疑問は、近年の議会史研究が共通して答えようとしてきた問題となっていくのである。

すなわち、近年の研究では、憲法の条文から受ける絶対主義的な印象とは別に、現実政治における憲法運用を検討することの重要性が指摘されている。そこでは、明治憲法体制が実際にいかなる機能を持っていたのか、あるいは政党が変わったとすればその要因を内在的に解明しようとする観点からの分析が主流になっている。

こうした問題に正面から取り組み、体系的な研究を示したのが、坂野《ばんの》潤治《じゅんじ》氏である。以下、顕著な研究を概観し、近年の研究動向について考えてみたい。

議会史研究の基盤

坂野氏の『明治憲法体制の確立――富国強兵と民力休養』（東京大学出版会、一九七一年）は、近年の諸研究で「名著」と称されることが多い。明治議会史研究においては、今日の研究の基盤となる極めて顕著な意義を有する高いレベルの実証研究だからである。

坂野氏の研究は、それまで広く通説とされてきた帝国議会認識と多くの点で異なるものであった。坂野氏は「超然主義」と政党の藩閥政府接近の理由などの疑問に最初に明快な答えを与えた。

坂野氏は、まず、憲法制定前において、「超然主義」的な立法府を軽視する方針とは別に、政府内に立憲主義的行動（井上馨の自治党結成の試みなど）が存在することに注目し、藩閥政府の多様性を示唆する。また憲法には、立法府から藩閥政府を守ろうとする規定があったが、「富国強兵」政策をとろうとする政府にとって予算の成立は衆議院の同意が必要という憲法の制約により役に立たず、一方政党が主張する「民力休養」も、憲法上、貴族院の賛成が必要で達成されない。そうした制約の中で、政府は、軍拡と公共事業を行う「積極政策」を打ち出し、それに政党も、地方利益の誘導などを求める声を背景に呼応していく。第二次伊藤博文内閣は、民力休養の内、地価修正に応ずる構えを見せ、第四議会前後には自由党と政府が提携を始めることが示される。「民力休養」から「積極主義」へという志向が政党の変化の背景にあることを指摘したのである。これは、政党の変質を〝輝かしい理念の喪失〟や〝藩閥への屈服〟と見るのではなくて、現実の地方利益に配慮し発展を期する政党の合理的な判断であったと見るものであった。また、日清戦争後、軍拡を進める戦後経営のために増税が必要になり、政党への譲歩がより必要になり、自由党の政権参入が達成されたとする。

さらに、政党が政権に参入する新しい状況で、これに反発する政治的諸グループ（官僚・藩閥系の政党・貴族院の多数派）が強固な纏まりとなって「山県閥」が形成されたと指摘している。こうした分析は、明治憲法が保持していた立憲的な性格と、藩閥内でも早くから政党との接近を指向する伊藤博文のグループの存在を明らかにし、政党がなぜ性格を変えたのかという問題を解明したばかりでなく、自由党や改進党、国民協会、あるいは伊藤系官僚や山県系官僚、さらには貴族院の諸政治会派、なかでも谷干城と近衛篤麿のグループといった諸政治勢力の競合をあざやかに描き出し、当該時期の実証レベルを格段に上げ、その結果、研究史上の画期となったのであった。

坂野氏の研究の少し前には、升味準之輔氏が、『日本政党史論』（第二巻、東京大学出版会、一九六六年）で、主に自由党の派閥領袖の対立や妥協、その藩閥指導者との提携の拡大を指摘している。同じ頃、ジョージ・アキタ氏が、『明治立憲政と伊藤博文』（東京大学出版会、一九七一年）により、明治憲法の運用を検討する中で、明治憲法の藩閥政府が政党と対抗するために準備した予算不成立の際には前年度予算を執行できるという規定では現状維持は図れても、国家の発展を要請され予算の拡大を必要とした政府にとっては、必ずしも有効ではなかったとの指摘や藩閥政府指導者の持つ立憲政治施行に向けた開明的で現実的な性格の指摘など、新しい視点を示した。明治憲法が藩閥政府を抑制する性格を持っていたという見解は、前述の通り、坂野氏に引き継がれ発展された。

また、鳥海靖氏も、日清戦争前の政党と地方利益の関係を分析し、地方利益を実現する手段を得ることで党幹部が党の指導的地位を確立する必要が、藩閥政府との接近の要因であることを指摘した（「初期議会における自由党の構造と機能」、『歴史学研究』二五五号、一九六一年七月）。鳥海氏は、『日本近代史講義――明治立憲政の形成とその理念』（東京大学出版会、一九八八年）で、明治憲法の専制的・非民主的な性格を強調する戦後歴史学の研究傾向を批判し、当時の歴史的な環境の中で実態の解明を行う必要性を指摘し、明治憲法の制定を論じた。

さらに、有泉貞夫氏の『明治政治史の基礎過程――地方政治状況史論』（吉川弘文館、一九八〇年）が、山梨県の事例をもとに、地方的利益（道路・港湾・河川改修、鉄道・官立学校設置、各種補助金獲得）の欲求の生成・膨張・多様化が、地方政治状況の形成に重要な意味を持ち、それが、帝国議会開設後、代議士の機能を地方利益誘導に限定させ、ひいては民党に藩閥政府との妥協を余儀なくさせる要因であったとして、自由党が藩閥政府との提携に至る政党の変化を説明した。これは、坂野氏の説を支持する有力な研究となった。

なお、御厨貴氏は、『明治国家形成と地方経営――一八八一～一八九〇年』（東京大学出版会、一九八〇年）で、帝国議会開設前の藩閥指導者間や各省間の対立と競合の実相を地方経営をめぐる政策を通じて解明した。有泉氏が地方の名望家を対象として検討することで政党の変化を描いた地方経営を、藩閥政府の側から検討することによって、政府内の競合や利害調整機構を論じた。こうした研究は、財政問題や外交問題と比して、後景に位置づけられがちであった地方経営・地方統治問題の政治争点としての重要性をあらためて指摘することにより、以後の研究に大きな影響を与えることになる。

以上の一九七〇年前後から一九八〇年代初頭の諸研究は、一様に膨大な一次資料や政党機関誌などを駆使して分析されたものである。特に、この時期に刊行された『伊藤博文関係文書』（全九巻、塙書房、一九七三〜一九八一年）に多くの著者が関係していることにも見られるように、一次資料の利用とそれから得られる新しい理解に極めて柔軟であったことが、新しい研究の地平を開いた要因であったと思われる。

こうした研究の方向性は、坂野潤治氏が後年「「価値中立的」な歴史観」（『近代日本の出発』新人物文庫、「新しい文庫版へのあとがき」、二〇一〇年）と称する通り、「戦後歴史学」が持つマルクス主義的な理念や戦後的な価値を明治期に及ぼそうとする歴史観を離脱しようとするものであった。ともあれ、坂野氏の研究が持つ、実証的な研究の気風が、以後、引き継がれ、研究の大勢を占める。坂野氏の研究は、一九九〇年代まで、通説として確固たる地位を維持するものであった。また、明治政治史研究を志す者の目標となった。筆者が明治史の研究を始めた一九八〇年代、坂野氏の見事な論理展開や御厨氏の卓越した人物評価に憧れの念を強く抱いたことを思い出す。

以後、坂野氏の通説に、いかに新視点を打ち出して研究を発展させ得るかということが課題となる。その意味で、伊藤之雄氏の研究を挙げたい。

研究の新段階

伊藤之雄氏は、伊藤博文の政治理念を追究して、政党と藩閥政府の接近について新しい解釈を示した。すなわち、『立憲国家の確立と伊藤博文――内政と外交一八八九―一八九八』（吉川弘文館、一九九九年）で膨大な一次史料の精読によって、伊藤博文や井上馨、板垣退助あるいは星亨、さらに明治天皇らが、当時の時代状況の中でいかなる国家構想や政治理念を持っていたかを解明することで新しい歴史理解を提示したのである。

伊藤氏は、藩閥政府による「積極主義」（地方利益誘導）の提示により、政党が政府に妥協するという説明を厳しく批判した。すなわち日清戦争以前の初期議会においては、産業革命の成熟が不十分で地方利益の要求は強くなく、地方政治がこの問題で規定されてはいなかったと、和歌山県の事例をもとに述べ、また鉄道敷設要求問題の検討により、政党も利益誘導に全党的・積極的に取り組んではいなかったことを示したのである。

一方で、政府と政党の妥協がなぜ成立したかという点については、星亨による自由党の政党組織の強化の成功により、イギリスに近い立憲国家の形成と帝国主義国家の建設という政治目標を持つ自由党指導部に権力を集中させ、それが、政治目標において共通する伊藤博文を中心とする藩閥官僚改革派との妥協を導いたと説明した。「戦後歴史学」が理念の喪失として描いた政治過程を、立憲政治の確立という理念を抱いた政党が政府と妥協したとの新しい視点から肯定的に描くのであった。

また、伊藤を中心とする藩閥改革派や自由党の板垣退助・星さらに明治天皇の持つ共通した政治理念が、漸進的な立憲政治運営と協調外交路線を支えたとし、特に伊藤の政治運営が、山県有朋らの藩閥保守派を抑制し、立憲政治の危機を乗り越え得たと述べるように、伊藤博文の立憲政治への貢献を示すものであった。伊藤氏のこの研究は、圧倒的な史料的な背景と政党の内部構造や政党並びに藩閥政治家の理念の内面に迫ろうとする研究姿勢によって、支持を広げた。

なお、高橋秀直氏は、政府は軍拡のみでなく減税も課題としていたのであって、初期議会期には積極主義は存在しない（『日清戦争への道』東京創元社、一九九五年）と坂野説を批判している。

また、一九九〇年代の初め佐々木隆氏は、伊藤之雄氏の前掲書より少し前に出版された『藩閥政府と立憲政治』（吉川弘文館、一九九二年）で、「超然主義」の推移を明快に描き、初期議会の議会運営を精緻に復原して坂野氏が描いた図式を再検討してみせた。

佐々木氏は、民党が主張した民力休養要求が実現不可能で破綻した政策であり、民党がそれを要求したのは藩閥政府を追い込み、政権に参入し、政権を掌握しようとしたものであったとする。また、自由党の穏健化についてもそれが限定的なものであったとし、条約問題や一部の新規事業を認め政府に近づき、責任政党化路線を示しながらも、地租軽減を求めるなど政府に対する圧力は捨てなかったとして、「民力休養」路線から「積極主義」路線への転換という坂野説について、疑問を呈している。一方、藩閥政府の議会政策は、憲法の枠内であることは勿論、天皇の政治的利用にもかなり禁欲的であったことも指摘し、立憲政治の「理念・本旨」に極力忠実であろうとしたものであったと述べる。また、藩閥政府が標榜した「超然主義」は、「独立・近代化路線の継続・達成」を目標とする藩閥政府の手段であり、その意味で目標の達成度に応じて手段も変化したとする。この超然主義には、「全党排除型」「全党参加型」「温和派育成」や「良民政党」の設立といった様々な選択肢があり、また目標が達成されたときには手段は役割を終え、寿命をもつとする。藩閥政府の政治姿勢を表すとされる「超然主義」について、それよりも高次の政治目標を明示し、その意義を相対化したのである。したがって、独立近代化路線の進行により、政党の政権参加への敷居は低くなり、政権参入も可能となったと説明する。一方、官僚内に政党の私党性への危惧や藩閥の主導性喪失への警戒・反発は根強く、「山県系」の一翼を構成する要因となったとしている。「山県系」成立要因を政党側の未成熟性にも求める指摘である。

佐々木氏、伊藤氏の研究は、坂野氏への批判であると共に、それを発展させ、一九七〇年代以前の帝国議会理解への最終的ともいえる批判でもあった。初期議会研究に関する「研究の最前線」とは、こうした研究も含めた近年の研究成果ということになろうかと思う。

近年の諸研究

近年は、坂野氏の研究とそれへの批判を踏まえた研究が活性化しており。これは、多岐にわたっている。以下、注目される研究をいくつか挙げておきたい。

小宮一夫氏は『条約改正と国内政治』（吉川弘文館、二〇〇一年）で、自由党の政権接近について条約改正問題の政策志向の近似性の重要性を強調した（コラム17参照）。

また、五百旗頭薫氏の『大隈重信と政党政治――複数政党制の起源　明治十四年―大正三年』

（東京大学出版会、二〇〇三年）が、従来の自由党中心の政党研究では充分に明らかにされてこなかった立憲改進党の構造に光を当てる注目すべき成果をあげている。五百旗頭氏は、改進党内の政策重視の「報知派」、党運営を優先する「毎日派」、中間的な「朝野派」といった勢力の存在を指摘しつつ、党勢の拡大が容易に進まない状況を描く。また、特に大隈の歳入増加構想（外資導入や税権回復策）に着目し、改進党が、組織志向に傾斜していた自由党に比して政策面で合理的体系的な経済政策を持っていたことを示す。さらに、改進党が民党路線に止まった理由として、解散を恐れる必要の無い院外団の継続的な圧力の存在を挙げている。日清戦後では、大隈の主導により結成された進歩党の経済政策として民力休養を基調とする一方、金本位制導入後、金融・財政の消極主義を採ったことを指摘し、政権参入の意欲と背景を説明する。このように五百旗頭氏は複数政党による政治対立の意義を強調して議会史研究の幅を広げた。

また、議会開設後、政党が行政の一角に参入するためには、行政の最上位にある内閣が相応の体制を構える必要がある。この点について、村瀬信一氏が『明治立憲制と内閣』（吉川弘文館、二〇一一年）で、帝国議会開設前後における内閣の機能強化の試みがいかに推移したかという観点から論じている。明治立憲政治体制を支える内閣の制度化を問う試みである。

まず、村瀬氏は、井上馨の自治党構想を、政党を媒介にした内閣の統一と指導力の獲得、政策の公示による内閣責任の明確化を目指した画期的な試みであったと指摘する。しかし、藩閥内には、薩長藩閥の均衡を求める志向などがあり、この構想が挫折したことを示す。また首相の権限強化や連帯責任制には政党内閣に親近性を持つという観点から強い抵抗感が藩閥内に存在した。

一方、第一次山県有朋内閣の各省大臣分任主義による混乱は、内閣の意思統一と機能強化の必要性を認識させ、次いで成立した第一次松方正義内閣は、大津事件の突発などによる閣僚の辞任で、元勲級指導者が松方のみとなったことで、強力なリーダーシップを設定する好機となる。しかし、松方の突出を警戒する伊藤博文が主導した政務部は内務省の反発を呼び機能不全となり、親政府系勢力の組織化も、伊藤による新党結成の挫折後の迷走を経て、国民協会に収斂するものの、結集軸の定まらない松方内閣は倒壊、第二次伊藤内閣が成立する。

「大宰相」を目指す伊藤首相は、元勲級指導者を取り込んだ組閣でも主導権を確保し、条約改正を内閣全体の目標として意思統一を図り、伊藤自身が議会・政党対策の主導権を握ることで、首相のリーダーシップの確立に努めた。また、第四議会で改正された「集会及政社法」による支部設置等の解禁が、地方名望家の党派所属を明確化し、結果として自由党と改進党の絶縁を加速することに繋がり、またこれは内務省の政党対策の比重を軽くし首相の主導権を相対的に強めた。伊藤内閣は、日清戦争後、自由党との提携により戦後経営に道筋をつけたが、対外硬派による外交上の責任追及や自由党との提携に反発する少壮官僚の動きに抗するため、松方・大隈入閣をはかるが、これに失敗し退陣することになる。村瀬氏は、この退陣を連帯責任的合意による総辞職の画期であったとする。

しかし、こうした総辞職は容易には定着しない。隈板《わいはん》内閣に次いで成立した第二次山県内閣は、天皇の協力を求める意図もあって首相主導型ではなく各省分任主義的政権運営や微調整的な政権移行を志向するが、結果的に対露戦争を目指して暴走する青木周蔵外相を更迭するために総辞職し、次いで成立した第四次伊藤内閣は設立間もない立憲政友会を掌握しきれず、一方で貴族院の反対や渡辺国武蔵相の内閣内での孤立を持て余して総辞職に至る。こうして、連帯責任による総辞職が、結果として定着した。その後、成立した桂太郎内閣は、それまでの首相・内閣機能強化の模索の結果として、政策目標を政綱として確定し閣議で合意を得た明確に内閣の責任を設定した内閣であったとする。「桂園《けいえん》体制的なシステム」の完成である。村瀬氏は、伊藤による政党設立の模索や選挙制度の改革を重視しつつ、首相主導権強化、内閣機能強化の軌跡を描いて、議会開設後の政党の政権参入に至る政治過程を描写した。

さらに、比較的最近の前田亮介氏の『全国政治の始動——帝国議会開設後の明治国家』（東京大学出版会、二〇一六年）は、従来の研究が課題とした日本で議会制が定着した理由を問うことより、議会制が日本の政治をいかに変えたかを問おうとする。帝国議会開設後の藩閥政治の再編や政党の政権参入を、議会制の出現（すなわち「全国政治」の出現）による地域的利害の調整・統合の結果と説明するのである。

ここでは、従来、検討の焦点とされた外交問題や民力休養の問題は意識的に後景に置き、政党が地方をめぐる諸問題にどのように関わったかを検討することで自由党の政権参入などの政治変動を説明する。検討の対象とした地方政策は、北海道政策、地価修正政策、治水政策、銀行政策である。そこから浮かび上がるのは、議会開設による地域利害の議論の集約が、議会での全国大の地方間調整を不可避とし、それが従来地方官によって担われていた地方問題を中央に媒介する機能の不全（内務省の統制不全）をよび、一方で全国大の情報集約の役割を担う政党（地方支部を通じて行う自由党の情報集約機能）が、藩閥を補完する統治主体として浮上したという解釈である。第二次伊藤内閣に接近した自由党は、治水政策をめぐり統治能力を主張し、これを評価した白根専一の存在を背景に、日清戦後、自由党―国民協会連合の形成が実現し河川法を成立させ、自由党の政権参入が可能となったと述べる。行論の中で、前田氏は、山県有朋の下での立憲制の「軟着陸」や「山県系」として政党に対抗的と評される白根の自由党政権参入への貢献を指摘し、一方、従来立憲制の確立に貢献したと評価される伊藤博文の限界を指摘しているのが、印象的である。前田氏は、伊藤は「機構や制度の創出を通じて政治に創造性を与える国家形成期の政治指導者であり、既存の制度や組織を与件とした政治指導には不向きだった」とし、「政党が浮上しえた一つの要因は、かかる「立憲カリスマ」の下での自己改革の構造的限界であった」と述べる。このような視点は、今後議論を呼び研究を深化させることになるのではないかと期待される。

貴族院研究

なお、筆者が貴族院研究を志した頃、一九八〇年代以前の研究において、貴族院は、藩閥政府を擁護する政党の牽制機関として位置づけられていた。そこでは、貴族院を「立憲政治」を担った存在とは考慮せず、むしろ「立憲政治」の阻害者として断ぜられるのであった。こうした貴族院研究の問題関心は、貴族院がいかに衆議院の政党活動を掣肘《せいちゅう》・抑制したかということを明らかにすることに限定され、その結論としては、初期議会においては藩閥政府に忠実であることが、日清戦争後は超然主義的な「山県閥」に支配されたことが示される。しかし、そうした結論は、貴族院が衆議院と対抗したことばかりを意図的に選択して検討したが故に導かれたという側面があると思われる。

一方、前述した坂野氏や佐々木氏による研究で貴族院の存在意義が問い直され、貴族院の政治会派研究会に関する先駆的な研究である水野勝邦氏の『貴族院の会派研究会史〈明治大正篇〉』（社団法人尚友倶楽部、一九八〇年）により、貴族院内の政治的な競合の事実が示された。水野氏は、当時一般に公開されていなかった貴族院関係の諸史料を駆使し、また自ら貴族院関係者への座談会などの形でインタビューを行い、それまでになかった実証的貴族院像を示した。

筆者は、貴族院の政治会派とりわけ谷干城《たにかんじょう〔たてき〕》や曾我《そが》祐準《すけのり》が領袖となる「懇話会」ならびに近衛篤《あつ》麿《まろ》・二条基弘が領袖となった「三曜会」について検討し、貴族院を通じて明治期の立憲政治について論じた（拙著『明治立憲政治と貴族院』吉川弘文館、二〇〇二年）。

拙著では、まず、貴族院は憲法制定段階で、政党を抑制し得る権能は期待されていたが、政府擁護者であることは自明ではなく、制度的に政府から自立する位置づけであったこと、また貴族院の主たる構成者の華族も、議会開設期の政治意識では「皇室の藩屏《はんぺい》」を自認していても、それは直ちに「藩閥政府の藩屏」を意味するものではなく、むしろ皇室を擁護するためには政府の失政を厳しく追及しようとする意思が存在したことを指摘した。また、初期議会の貴族院における谷あるいは近衛の主導する政治会派の政府批判の内容（政治的自由の確保や勤倹主義的な志向）とその勢力が侮りがたいものであったこと、さらにその政治会派は、所属議員の政治的に自由な議会活動を容認すると共に政府に対しても政党に対しても独立した立場を維持しようとする「自立」的な性格を有すること、それに対して、議員個人としての行動を厳しく会派の下に統制し、藩閥政府に宥和的な立場をとろうとする傾向がある「自制」的な性格の会派＝「研究会」が存在し、両者の対抗が貴族院で行われたことなどを指摘し、その盛衰過程を検討した。

貴族院については、内藤一成氏が、『貴族院と立憲政治』（思文閣出版、二〇〇五年）ならびに『貴族院』（同成社、二〇〇八年）を発表した。前者においては貴族院の会派が持つ理念を明らかにした上で有爵議員選挙や議案審議過程を詳細に論じており、後者は、良質な貴族院通史である。また、西尾林太郎氏が、『大正デモクラシーの時代と貴族院』（成文堂、二〇〇五年）ならびに『大正デモクラシーと貴族院改革』（成文堂、二〇一六年）を発表し、前者では桂園時代期から護憲三派内閣の成立までの貴族院と内閣の関係について詳細に明らかにし、後者では大正一四年貴族院改革にいたる歩みや改革後に行われた有爵議員選挙を諸政治会派の動向を踏まえて明らかにした。さらに近年原口大輔氏が『貴族院議長・徳川家達と明治立憲制』（吉田書店、二〇一八年）で貴族院議長という立場から視た二院制議会について論ずるなど、研究が進展している。

おわりに――近年の史料状況と研究の課題

以上で述べたように、明治期の帝国議会に関する研究は進展してきたが、それを支える史料状況について、簡単に触れておきたい。

議会政治研究上、必須と言っても良い史料が政治に関わる人々の日記や書簡である。明治期における、議会政治家の日記のうち、刊行されたものとして代表的なものは、『原敬日記』（福村出版、一九六五～六七年、一九八一年、二〇〇〇年復刻）や『田健治《でんけんじ》郎《ろう》日記』（尚友倶楽部ほか編、芙蓉書房出版、二〇〇八～一八年）、『谷干城遺稿』（靖献社、一九一二年、のち東京大学出版会、一九七六年復刻）、『近衛篤麿日記』（鹿島研究所出版会、一九六八～六九年）などがある。また藩閥政府関係の書簡史料では、伊藤博文、山県有朋、品川弥二郎、桂太郎ら、政党関係でも大隈重信、原敬といった人物について、それぞれの関係文書として刊行されている。こうした刊本の利用はもちろんであるが、国立国会図書館憲政資料室に所蔵されている多数の個人文書の中から関係史料を探求することが、実証研究を行う上では、重要である。

憲政資料室の未刊史料の内、利用頻度の高いものは、国立国会図書館で順次、デジタル化され、ホームページなどで公開されており、利用が格段に容易になってきている。また、宮内庁宮内公文書館、外務省外交史料館、国立公文書館、防衛省防衛研究所の史料がＷｅｂ上で検索でき、またデジタル化史料として閲覧可能なものもある。さらに各地の文書館等の所蔵史料機関に所蔵されている史料を博捜することも、近年の研究では、もはや必須と言っても過言ではない。

また、新聞や雑誌の記事からも議会政治関係の重要な史実に触れることも可能である。読売新聞や朝日新聞、毎日新聞といった大手の新聞社は、紙面をデジタル化し充実した検索システムを伴ってデータベース化しており、近年の研究にはこうした新聞の引用が劇的に増えた。ただし、デジタル化されていない新聞・雑誌は、マイクロフィルムなどによって地道に読む必要があるが、諸新聞の記事や論説を相対的に考える上では、そうした努力は欠かせない。

さらに帝国議会の議事録は、議会研究を行う以上、丹念に読み進める必要がある。議会研究にもかかわらず、議事録の利用が不十分な研究が見受けられるが、国立国会図書館でデジタル公開され、発言者の索引も充実している現在、史料としてより活用されることが望まれる。

こうした史料を精緻に読み進め、今までの研究の流れを踏まえれば、従来の研究を凌駕する研究が生まれてくることと思われる。最近では、品川弥二郎の選挙干渉について、通説を問い直す末木孝典氏の『選挙干渉と立憲政治』（慶應義塾大学出版会、二〇一八年）や中元崇智氏の自由党の政策立案や歴史観を問う『明治期の立憲政治と政党』（吉川弘文館、二〇一八年）といったある程度自明とされてきた問題について、再検討に取り組む研究も出てきている。

帝国議会の慣行はもちろん諸制度も、時間をかけて少しずつ固まったものである。日本の立憲政治体制の確立という共通した目標を持ちつつも、常に存在した危機や課題に対して、異なる方策を持つ政治家がどのような主張や理念を有していたか、議論や競合の結果、それがどのような選択をもたらしたかという問題を含めて、歴史的な諸事象を解明する研究が、今後も重要であろう。

また、各政党の政策志向の推移や、政治的な連携や対抗関係の位置づけも問い直されつつあるが、「藩閥」、「山県閥」あるいは「官僚閥」、「軍閥」なども今後の研究の進展で、存在意義の見直しが進むのではないかと考える。

規定的な歴史観が存在しない中で、今後は、ある程度多様な歴史認識の併存を認めつつ、実証的な研究の積み重ねにより、より整合性の高い研究が、研究者の支持の大勢を占めることになっていくものと思われる。

コラム12

明治憲法研究の論点——主権論を中心に

前田亮介

なぜ「主権」なのか

明治日本が憲法というなじみのない制度を導入する過程は、西欧の学知を新たに学習し、伝統的な語彙や観念と整合させつつ異なる政治社会に根づかせようとする凄絶な知的格闘だった。非西欧圏の憲法制定史にはこうした外在性と構築性がつきまとうため、「支店」のみならずそもそもの「本店」の葛藤や混乱を研究者が学ぶ意義は、明治人に劣らず大きい。つまり「明治憲法研究の最前線」を俯瞰するには、通時的地域研究としての日本史学の最前線の理解に加え、地域的な文脈を越えた接触を捉える法思想史・政治思想史の知見の摂取が欠かせない。本コラムはこの観点から、法継受の焦点となった「主権」のゆくえを素描する。

主権論は歴史学・政治学・法学を横断した関心を近年集めており、東アジアでの領域主権の受容やその共有・制約がもたらしたドラマに関する研究の進展もめざましい（五百旗頭薫『条約改正史』有斐閣、二〇一〇年。岡本隆司『中国の誕生——東アジアの近代外交と国家形成』名古屋大学出版会、二〇一六年。原田央「一九世紀後半の国際私法理解の特質とその背景（四・完）」『法学協会雑誌』一三三—八、二〇一六年）。ただ、主権とは元来、多義的かつ論争的な概念であり、対外的に独立した領域国家の属性に限られるものではない。むしろ、公民科を学んだ多くの人に浸透しているのは、国内での至高性・単一不可分性のイメージと結びついた、明治憲法＝「天皇主権」、日本国憲法＝「国民主権」の二分法ではないだろうか。この理解が決して誤りだというわけではないが、これが主権的な権力の所在（君主か人民か）を基準とする、いいかえれば主権者の正統化を最も重視する立場（憲法制定権力論）と親和的な枠組みであることは留意すべきだろう。

戦後初期の憲法改正論議において、宮沢俊義らに顕著なこうした決断主義的な主権者論を批判し、「象徴」の導入にも反対し、むしろ主権者を拘束する理性主権の可能性を明治憲法に読みこんだのが京都帝国大学の佐々木惣一である。最新の研究は、大正デモクラシーを支えた佐々木のこの憲法解釈の源流に、明治憲法の起草の中心にいた保守主義的な法制官僚・井上毅《こわし》の影を見出している（嘉戸一将『主権論史』岩波書店、二〇一九年）。

「統治権」と「有機体」——井上毅の長い影

実際、井上毅の議論は、自由民権運動の高揚を背景に「主権者は誰か」の政治的な応酬に終始した一八八二年の主権論争とは異なる地平にあった。明治憲法の条文に「主権」の文言こそ見られないが、井上主権論の精神は第一条「大日本帝国ハ万世一系ノ天皇之ヲ統治ス」に基づく「統治権」に凝縮されている。井上は物理的な力による国土支配を示す古語「ウシハク（領ク）」ではなく、天皇の徳による支配を示す「シラス（治ラス／知ラス）」（いずれも

『古事記』『日本書紀』が語源）に明治憲法体制のメカニズムを見出すが、これは単なる伝統の創造や法の日本化ではない。嘉戸によれば、統治権＝シラス論は第一に、国家（君主）の土地収用を私人の土地所有権と区別し、岩倉具視《ともみ》の「王土王民」論のような前近代ヨーロッパ的な家産国家への退行を防ぐ意義があった。第二に、より重要なのは、井上が天皇の一切の私有を否定することでシラスが近代的理性に支えられた統治作用だと強調し、一種の理性主権論（ギゾー）の立場から、法外の権力を斥ける立憲主義を導きだしたことである。全知の天皇は絶対的な理性を体現するがゆえに、（法に拘束されずとも）法と必ず合致する。それが井上の夢見た「ノリ〔法〕ノマニマニ」の秩序世界にほかならない。

こうした立憲主義が穂積八束《ほづみやつか》にみられる「朕は国家なり」式の天皇主権説と遠く隔たっているのは明らかだろう。実際、国家法人説（天皇機関説）を採る美濃部達吉《みのべたつきち》や佐々木などの「立憲学派」は統治権概念を継承し、井上が忌避した政党内閣も正当化する理論を練成した。ただ井上の遺産はここにとどまらない。あらゆる対立を止揚した国家の一体性を演出する、有機体の観念がそれである。君主を頭脳、統治機構や人民を胴体や四肢とするような身体の比喩による国家表象は当時ありふれているが、井上が基本内容を作成した憲法の公式注釈書『憲法義解』を通じて、さらに人体を想起させる水戸学由来の「国体」論と合流することで（苅部直「日本が「国家」になったとき」『アステイオン』九〇号、二〇一九年）ひろく普及していく。この人体化した明治国家観は（決断する主権者ではないが）君主を「頭〔元首〕」に残す点でも、また国家全体の調和に民意が収斂するのを自然とみなす点でも、条約改正による主権回復を控えた制憲時の空気を反映していた。そして、こうした有機体観念は保守派の側のみならず、天皇主権説の西欧性を言論戦術上「国体」に依拠して排撃した美濃部も継承・採用したことで、根強い生命力を有することになったのである。

「領土」が問いなおされるとき

だが、人体に擬せられた国家論の急所は、人体と同様、改造や伸縮が難しいことにある。帝国主義の時代の領域が可変的とはいえ、植民地の獲得による領土変更は国家的同一性を損わせかねない。一八九五年の台湾領有後に総督への立法権の委任が憲法争点となった際、「台湾に怪物あり」との激しい反発が真生の国体論者たる穂積八束から挙がったのもそのためだろう。帝国の拡大は血統を重視する家族国家論の危機でもあった（長尾龍一「八束の髄から明治史覗く」同編『穂積八束集』信山社出版、二〇〇一年）。

対照的に帝国拡大に楽観的だった美濃部は、植民地を本国との異「法域」と捉えるドイツ植民地法学の先端知を吸収していたものの、議論の軸はあくまで法域が領域と一致した「法領域」、つまり国民国家にあった。それだけに、一九一〇年の韓国併合の性質をめぐる国際法学者・立《たち》作太郎との論争で美濃部が国民国家を範とするイェリネック国家学の放棄に追いこまれ、統治権概念の再構成に至る経緯は興味深い（石川健治「「京城」の清宮四郎――『外地法序説』への道」酒井哲哉・松田利彦編『帝国日本と植民地大学』ゆまに書房、二〇一四年。西村裕一「日本における主権論」『年報政治学二〇一九―Ⅰ』）。とはいえ、国家三要素説に立つ立憲学派の「最大の隘路」だという領土論の浮上が日本の主権論にどのような変容を迫ったのか、またそれは帝国主義や国際主義の現実を注視した英米圏の主権論（篠田英朗『「国家主権」という思想――国際立憲主義への軌跡』勁草書房、二〇一二年）とどのように交錯したのかという問いは残る。そもそも明治憲法には国土や国民の明示的な規定もなく、わずかに一八条が「日本臣民タルノ要件」に言及するものの、両者とも憲法に先行して（近代）国家と同時に成立したと捉える法制局の解釈がやがて定着していく（仲野武志『法治国原理と公法学の課題』弘文堂、二〇一八年）。帝国の領域的再編が統治権＝シラス論を軸とする明治憲法体制の枠組みにおよぼした作用の検証は、今後の課題だろう。

コラム13

政党研究の論点

村瀬信一

研究史と現状

政党は選挙やメディアを通して有権者に発信を行う運動体であり、また議会審議の主役であり、議院内閣制であれば政権を構成する主体となる。政党を歴史学の枠組みで研究するのであれば、これら諸側面と、その相互の関係を歴史的に解明しなければならない。明治期の政党の研究史を回顧すれば、活動の場たる議会がまだなかった時期における運動体としての政党をもっぱら対象としてきたと総括できる。つまり、自由民権運動研究である。マルクス主義の図式による民権運動の位置づけという問題意識から多くの業績が生み出されたが、一九六〇年代末頃までにそうした研究は袋小路に陥り、量的にも減少した。それにかわって実証主義的な政治史研究が台頭し、帝国議会開設後の政党にも関心が向けられるようになった。ただ、坂野潤治『明治憲法体制の確立』（東京大学出版会、一九七一年）を代表とするそうした研究における政党は、あくまで政局史の中のアクターであり、政党自体の実像が直接分析対象とされたことはほとんどない。党の組織改革が取り上げられるとしても、それは党内の力関係や派閥対立の指標としてであった。升味準之輔『日本政党史論』第二巻（東京大学出版会、一九六六年）が各回の選挙結果等に基礎的な分析を加えているのがわずかな例外にすぎない。政党自体を対象とした研究は誠に寥々たるものというのが現状といえよう。

課題と方法

こうした現状は当然正されなければならない。それなしでは大正後期から昭和初期に至る政党政治の全面開花への理解も深まらないからである。以下、筆者なりに論点とすべき事項と方法上の展望を試みてみよう。

運動体としての政党に着目した場合、重要なのはやはり選挙ということになる。一八九〇(明治二三)年七月一日に第一回総選挙が実施された時、改進党こそ活動していたが、自由党はまだ再結成しておらず、また集会及政社法のしばりにより政党の地方支部は設置が禁じられていた。それ故に党は選挙過程に影響力を行使できず、小選挙区に区切られた各選挙区は、被選挙権を持つ名望家層の、いわば共有物であった。そこには党の地盤も個人の地盤も存在しなかった。一八九三年の集会及政社法改正による地方支部設置解禁から変化が現れ、日清戦争後には党本部と地方支部の関係性が明確になっていく。

右の過程が進行していく中で、選挙区の状況がどう変わっていくのか、地盤というべきものが形成されていくのか、いかないのか。それにより党本部と地方との相互作用がどのようになるのかが重要な問題となる。また、一九〇〇年の選挙法改正で、従来の小選挙区制が市部独立選挙区と郡部大選挙区の併存に切り替わったことによる変化も見逃せない。筆者はかって「明治期における政党と選挙」（『日本歴史』五四四号、一九九三年）でこれらの点についいて初歩的な考察を加えたが、自治体史などには地方レベルの選挙の実態を示す史料は多く収録されている。それらをもとに地方に視点を定めた個別研究を積み重ね、党機関誌等で把握し得る党本部の選挙時の動きと重ね合わせれば、全体的な見取り図をつくることは可能ではないか。

次に議会審議の主役、政権を構成する主体としての政党に目を向けよう。

明治初年以来の近代化は、もっぱら藩閥官僚によって推進された。したがって政党は、政策面での知識・情報の面で藩閥官僚に後れをとっていた。代議士として選出されてくる名望家たちの中には地方行政の末端を担った者もおり、また多くは府県会議員の経歴を有していたが、その程度で藩閥官僚に到底及ぶものではなかった。議会開幕当初であれば、民権運動時代のように減税を主張していればよかったが、議会も回を重ねれば多様な問題を議論しなければならず、政権に入り込めば、具体的かつ高度な政策の立案・遂行に直面する。それに対処するためには、広範な知識・情報が必要であった。

その知識・情報を得ようとすれば、それを現に握っている官僚機構に接近するのが早道である。現に、日清戦争後に衆院議長となった片岡健吉は、代議士が政府委員と交流を深めることを望んでいた（拙稿「議長席から見た帝国議会」鳥海靖他編『日本立憲政治の形成と変質』〈吉川弘文館、二〇〇五年〉所収）。党ないし代議士たちと官僚との接触はなかなか史料には残らないが、国立国会図書館憲政資料室所蔵の個人関係文書などで断片的にせよ追える場合があるし、新聞記事なども補助的情報として使える可能性がある。その作業がまず必要であろう。

それに関連して重要なのは、代議士の専門性の問題である。戦後の自民党における族議員のような代議士が明治期から存在し、活動していたとは考え難いが、それでも党政務調査会の各部署に配置される代議士の顔ぶれに一定の傾向性が見えないかは、検証する価値がある。帝国議会の審議において、特定の問題について発言する頻度の高い代議士を見出せないかも検証が必要である。また、帝国議会は戦後の国会と違い常任委員会の数が少ないが、予算委員会はやはり重要で、その顔ぶれの変遷・持続性にも注目してよいだろう。

右の問題は党における代議士たちの階層構造、つまり領袖クラス、スペシャリスト、陣笠クラスといった区分け、党運営の実態といったもの、さらには派閥構造にも関連を有する可能性がある。はなはだ地味な、気の長い作業となるかもしれないが、とにかくそれを通じて、明治期の政党がだいたいどのような段階にあったかを明らかにすることが、目下の急務ではないかと考える。

コラム14

華族研究の論点

原口大輔

華族制度

華族は一八六九年六月一七日に出された行政官達によって誕生し、日本国憲法施行により廃止された、まさに近代日本の歩みと軌を一にした制度である。明治政府は公卿《くぎょう》（公家）、諸侯（大名）といった呼称を廃止し、彼らを華族という一つの族籍に再編した。前者は公家華族、後者は大名華族とも呼ばれる。その後、一八八四年七月七日に華族令が発布され、爵位（公・侯・伯・子・男）の導入と、勲功のあった士族・平民への授爵と華族への編入が定められた。これ以後、華族令以前に華族となった公家華族・大名華族を旧華族、以後に華族となった者を新華族と呼んでいる。その概要は小田部雄次『華族』（中公新書、二〇〇六年）、千田稔『華族総覧』（講談社現代新書、二〇〇九年）などに当たられたい。かつての研究では、華族は近代天皇制国家を支える特権層であり、その非民主的な性格が強調されたが、この二〇年ほどで分析視角は大きく変化してきた。以下、その到達点を見ていく。

政治史・制度史

華族が研究対象となる時期は明治前半に集中する。それは右に記した制度の概要からも窺えよう。大久保利謙『華族制の創出』（吉川弘文館、一九九三年）はその代表的な研究である。その後、史料の公開と相俟って、久保正明『明治国家形成と華族』（吉川弘文館、二〇一五年）のように精緻な実証研究が進んだが、大久保の議論の枠組みを超えるには至っていない。それは、大久保も含め、華族制度の研究が、華族を近代国家にどう位置づけるのか、すなわち、華族令制定までの過程が分析の主眼となっており、華族令制定後の華族のあり方、あるいは変容にまで十分に射程が及んでいないからである。そのため、明治後期の華族の政治史的研究は——華族と同様に否定的に評された——貴族院研究がもっぱらとなる。

貴族院の誕生後、華族の多くが貴族院議員となったが、議員の大多数はそれぞれの院内会派に所属したため、政治集団としての華族の一体性を見出すことは案外難しい。それにもかかわらず貴族院が藩閥政府に与《くみ》して衆議院の防遏《ぼうあつ》となったと論じられたのは、明治憲法や付属法の制定過程、条文を「外見的立憲主義」と理解し、その運用実態に十分な関心が向けられなかったからである。しかし、近年の研究では彼らの政治行動や議会政治の運用を実証的に検討した結果、貴族院は衆議院に立ちはだかる「藩閥の藩屏《はんぺい》」であるという一面的な理解は大きく修正され（小林和幸『明治立憲政治と貴族院』吉川弘文館、二〇〇二年）、現在では貴族院の自律のあり様とそれを二院制の進展の中に位置づける研究が進展している（内藤一成『貴族院と立憲政治』思文閣出版、二〇〇五年、原口大輔『貴族院議長・徳川家達《いえさと》と明治立憲制』吉田書店、二〇一八年など）。貴族院は華族の政治活動の象徴的な場所であるがゆえに、今後は運用実態と併せて、議事速記録の丹念な分析も求められる。

一方で、侯爵となった琉球王（川畑恵『尚泰』山川出版社、二〇一九年）や朝鮮貴族も忘れてはならない。一九一〇年一〇月七日、朝鮮貴族令に基づき七六名の朝鮮貴族が誕生した。当初、彼らに参政権はなかったものの、日本の華族と同一の礼遇が保障され、爵位も付与された（新城道彦『朝鮮王公族』中公新書、二〇一五年）。朝鮮貴族や王公族も併せて、帝国日本の中に華族を再定置する議論も必要である。

経済史・大名華族研究

戦後、華族研究でまず着目されたのが経済史の分野であった。秩禄《ちつろく》処分、金禄公債証書の発行により華族（特に大名華族）は資本家となり（深谷博治『新訂華士族秩禄処分の研究』吉川弘文館、一九七三年など）、その資産の運用が注目され、個別事例を中心に優れた論文が発表されてきた。しかし、こんにちまで華族資本を分析した体系的な研究書は上梓されず、その中の分析視角の一つであった大名華族研究が主流となった。大名華族研究とは大名華族の大名（旧藩主）という属性に着目し、大名華族と旧臣、旧藩地域・社会との関係を問うものである。また、廃藩置県後、基本的に華族は東京に在住するため、東京と旧藩地域との関係も検討される。その到達点として、内山一幸の研究が挙げられよう（『明治期の旧藩主家と社会』吉川弘文館、二〇一五年）。また、大名華族が居住する東京の邸宅は、上京した旧藩地域出身者同士の交流の場ともなったため、同郷会研究と併せて、都市空間の中での華族の邸宅も近年着目されている（松山恵『都市空間の明治維新』ちくま新書、二〇一九年など）。しかし、大名華族研究は「藩」概念への批判など近世史研究との対話や、個別事例の集積からどういう議論を展開するのかといった課題もある。一方、公家華族は経済的困難に遭う者が多く、東京に在住しない京都華族や奈良華族も存在したことを刑部《おさかべ》芳則の研究（『京都に残った公家たち』吉川弘文館、二〇一四年など）が教えてくれる。今後はヨーロッパ貴族の有する資本や、皇室財産との比較も進められていくことを期待したい。

「皇室の藩屏」

ここまで敢えて言及してこなかったが、華族は誕生時より天皇・皇室を守る「皇室の藩屏」の役割が課せられ、それが華族の非民主的な評価の一因でもあった。ただし、同時代としてもその定義やコンセンサスは一定ではなく、「皇室の藩屏」という語句を用いれば何かを説明・理解したことには必ずしもならず、常にその意味を吟味し、再検討を要するものであろう。例えば、前田亮介は立憲君主制と貴族院の関係でそれを問い直す（「「皇室の藩屏」は有用か?」御厨貴編著『天皇の近代』千倉書房、二〇一八年）。また、華族令制定、新華族の編入や世代交代の中で、「皇室の藩屏」も含めた華族に関する制度・議論がどう変容するのか。これらの分析を通して華族と近代日本の関係が改めて解明されるであろう。

コラム15　桂園時代研究の論点

櫻井良樹

定義

桂園《けいえん》時代とは、桂太郎と西園寺公望が交互に内閣を担った時代を指す。桂が代表する官僚・藩閥勢力と、西園寺を総裁とし議会を通じて国政に影響力を高めつつあった立憲政友会とが、互いに対立しながらも、相互的に利用することによって政権運営を行い、衆議院も解散されることなく、政権授受が比較的穏便に行われた時期である（桂園体制）。第一次桂内閣の日露戦時期に成立し、第一次西園寺・第二次桂・第二次西園寺を経て、一九一二年一二月に陸軍二個師団増設問題で同内閣が崩壊するまでの時期にあたる。その後の第三次桂内閣を桂園時代の延長とみなす見方もあり、この場合は、むしろ内閣を倒す原動力となった第一次憲政擁護運動を画期とする。いっぽう第二次西園寺内閣と第三次桂内閣との間の断絶を強調すれば、第三次桂内閣以後を桂園時代とは異なる政治体制の時期と捉えることとなる。

この見方の違いは、議会政治史の展開についての考え方の違いに発するものである。当時（同時代）において桂園時代の政治は、藩閥と政党が権力を寡占した体制として、その他の勢力から否定的に捉えられた。それに対比されたのが「閥族打破・憲政擁護」の民衆運動を指導した犬養毅や尾崎行雄であった。鵜崎熊吉《うざきくまきち》（鷺城《ろじょう》）の政治評論がそれらを代表している

（『朝野の五大閥』東亜堂、一九一二年、同『閥人と党人』東亜堂、一九一三年など）。

初期の研究傾向

この傾向は、本格的にこの時代に関する研究の始まる一九三〇年代から戦後の研究に引き継がれ強くなった。そこには第二次桂内閣時に大逆事件などで社会主義運動が抑圧されたことも影響していた。桂園時代という歴史用語が一般化したのも、一九五〇年代であったようだ。そしてこのような見方は大正デモクラシー研究（信夫清三郎『大正デモクラシー史』日本評論社、一九五四年）や民衆史研究（松尾尊兊《たかよし》『大正デモクラシー』岩波書店、一九七四年など）に取り込まれていった。三税廃止運動などで活動を始めた中小ブルジョアジーの動向や、都市民衆に基盤をおく新たな政治勢力に着目した研究がそれである（江口圭一『都市小ブルジョア運動史の研究』未来社、一九七六年）。さらにそれを宮地正人は「国民主義的対外硬派」という概念を持ち込むことによって政治体制論と接合させた（『日露戦後政治史の研究』東京大学出版会、一九七三年）。

政友会を焦点に

また一九七〇年前後から、桂園時代を、政党内閣が出現する過渡期と捉え、藩閥・官僚勢力を政党勢力が凌駕していくための準備がなされた時期であることを重視する研究が盛んになった。これは明治憲法の規定する政治の制度化（明治憲法体制）を前提に、原敬の指導によって政友会が、いかにして政治運営体制に参入していったかを論じたものであった。それは制度的な観点から説明するもの（三谷太一郎『日本政党政治の形成――原敬の政治指導の展開』東京大学出版会、一九六七年、増補一九九五年）と、積極政策の展開と地方利益誘導による支持調達の仕組（有泉貞夫『明治政治史の基礎過程――地方政治状況史論』吉川弘文館、一九八〇年）を組み合わせて説明されるようになった。いずれも原敬の、藩閥・官僚勢力との戦いが強調された（テツオ・ナジタ『原敬』読売選書、一九七五年、山本四郎『大正政変の基礎的研究』御茶の水書房、一九七〇年）。このような明治憲法体制の機能から演繹される政治の仕組を、桂園時代を場として分析しようとする研究は、さまざまな観点から取り組まれ（たとえば松下孝昭『近代日本の鉄道政策――1890-1922年』日本経済評論社、二〇〇四年）、現在でもなされている（たとえば予算編成・審議過程に着目した伏見岳人『近代日本の予算政治1900-1914――桂太郎の政治指導と政党内閣の確立過程』東京大学出版会、二〇一三年、地域的利害の調整機能について注目した前田亮介『全国政治の始動――帝国議会開設後の明治国家』東京大学出版会、二〇一六年、原に近い松田正久を扱った西山由理花『松田正久と政党政治の発展』ミネルヴァ書房、二〇一七年など）。

いっぽう桂園時代に内在する政治権力の多様性とその競合関係に焦点を当てた研究も出現した。陸軍の派閥対立と対外政策を分析した北岡伸一（『日本陸軍と大陸政策1906-1918年』東京大学出版会、一九七八年)、政友会の内部のみならず非政友勢力にまで目を配り財政政策から分析した坂野潤治(『大正政変――一九〇〇年体制の崩壊』ミネルヴァ書房、一九八二年〔『明治国家の終焉――一九〇〇年体制の崩壊』ちくま学芸文庫、二〇一〇年〕)がその代表である。

桂と非政友勢力

桂や非政友勢力の動向に着目する研究は、一九九〇年代前後から出現した。これは桂を古い体制の擁護者としてではなく、自らが桂園体制を刷新していこうと動いていたことに注目したものであった。桂園時代を元老政治の時代とし、桂や原は山県有朋あるいは伊藤博文・井上馨の代理と捉えようとする従来の見解を否定するものである(伊藤之雄「元老制度再考――伊藤博文・明治天皇・桂太郎」『史林』七七巻一号、一九九四年、小林道彦『日本の大陸政策1895-1914――桂太郎と後藤新平』南窓社、一九九六年〔『大正政変――国家経営構想の分裂』千倉書房、二〇一五年〕、櫻井良樹『大正政治史の出発――立憲同志会の成立とその周辺』山川出版社、一九九七年、千葉功『桂太郎――外に帝国主義、内に立憲主義』中公新書、二〇一二年)。また世代間の違いと桂・西園寺、それに山本権兵衛の一体性を強調する見方(季武嘉也『大正期の政治構造』吉川弘文館、一九九八年、下重直樹「日露戦後財政と桂新党――桂系官僚と財界の動向を中心に」『日本歴史』第七一〇号、二〇〇七年)もある。

櫻井は、民衆史研究で提出されていた桂園時代における新政治勢力の政治参入の動きを都市政治史の展開に絡めたものである。このような憲政本党・国民党側の動向に注目するものとしては、その後、五百旗頭薫の研究（『大隈重信と政党政治――複数政党制の起源　明治十四年－大正三年』東京大学出版会、二〇〇三年）、犬養毅とその周辺の政治的動向を分析した久野洋の研究（「立憲国民党の成立――犬養毅と坂本金弥の動向を中心に」『史学雑誌』第一二六編第一二号、二〇一七年など）が出た。また政友会における非主流派に注目した伊藤陽平の研究（「日露戦後恐慌下の救済融資をめぐる政治過程――産業資本家と政友会の接近」『史学雑誌』第一二七編第七号、二〇一八年など）に発展している。伊藤の研究は、原政党内閣が予定調和的に成立したものではない、つまり原中心でも桂中心でもない桂園時代理解を試みようとするもので、日露戦前期における第一次桂内閣と議会との激しい攻防が日露戦争により一転して桂園体制を生み出したという流れではなく、日露戦前から存在した流れが桂園時代にも底流として存在していたことを示唆するものである。また藤野裕子の研究（『都市と暴動の民衆史――東京・1905－1923年』有志舎、二〇一五年）は、この時期の政治体制を民衆運動史の観点から、新たに捉え直そうとするものでもある。

第五章　外交史研究——史料問題を中心に

千葉　功

外交史を含めて研究の「最前線」からは遠く隔たった位置にいる著者には研究の最前線を語る能力はないし、また日本近代外交史研究については良質な研究史整理が存在する（井上寿一「付録　文献解題」井上寿一編『日本の外交　第一巻　外交史戦前編』岩波書店、二〇一三年。酒井哲哉「第一〇章　近代日本外交史」日本国際政治学会編『日本の国際政治学　四　歴史の中の国際政治』有斐閣、二〇〇九年）以上、個々の詳細かつ具体的な先行研究の紹介はそれらに譲りたい。

よって本稿では少し視点をずらして、以下の二点についてみていきたい。第一点目は、「政治外交史」という研究枠組みが与えた影響についてである。また、第二点目は、外交史研究の基盤となる外交文書の編纂ないしアーカイブズとしての外交史料館の歩みについてである。そして、以上の二点を見ていくことで、これから外交史研究がどのような方向に進んでいくのか、ないし進んでいくべきなのかを考えてみたい。

「政治外交史」という枠組み

欧米においては、外交史研究は「外交史」という枠組みから出発した。当たり前のことかと思われるかもしれないが、それはこういうことである。第一次世界大戦の勃発後、西欧各国が自国は正しくて他国が戦争を起こしたのだということを立証するために、自国のアーカイブズを公開した。具体的には史料集という形で公刊されたことから、外交史研究が一気に花開くわけである。この場合、「ロー・ポリティクス」よりは「ハイ・ポリティクス」、すなわち、国家の存亡にかかわる外交や軍事といった政策領域が重視される。またその際、「外交」と「内政」は明確に峻別され、「外交」領域を研究するものが外交史研究となる。この外交史研究をさらに深めていくと、自国内の「内政」との連関よりも他国における「外交」領域との関係が重視されるため、マルチアーカイバルなアプローチ、つまり色々な国の外交文書を幅広く見るという研究になっていくわけである。

それに対して日本では、「政治外交史」という枠組みの方が主流であった。日本における外交史研究は、アジア太平洋戦争にいたる政策決定の分析から開始されたということもあって、内政と外交の密接な連関をむしろ前提にして出発した。その成果は日本国際政治学会太平洋戦争原因研究部編『太平洋戦争への道』全八巻（朝日新聞社、一九六二～六三年）として結実した。かたや、日本国際政治学会発足時の日本外交史研究者が論敵としたマルクス主義史学も、帝国主義論がそうであったように、国内の経済構造から対外政策を説明する理論構成をとっていたのであり、この点では両者は意外に共通した前提から出発していた（前掲酒井論文）。以後、日本の学界では「日本政治外交史」といういささか翻訳しにくい名称の学問分野が定着することになる。それはアジア太平洋戦争への過程となる昭和期のみならず、基本的には時期がさかのぼった明治期や大正期の研究にも該当する。

この「日本政治外交史」という枠組みにはメリットとデメリットの両方あるのかもしれないが、著者はメリットの方が大きいのではないかと考えている。というのは、特に日本の明治外交に限らずどこの国の外交でもそうなのだけれども、外交は内政の延長であるという有名な格言があるように、外交だけを取り出して分析してもよくわからない。しかし、実際の外交では、国内の説得に八、九割がたのエネルギーを費やすということがよくあるのである。

また、特に日本に関して言えば、外交官試験が導入されたのは日清戦争前年の一八九三年のことであるが、幣原喜重郎が外交大臣になることからもうかがえるように、外交官試験合格者が外務省の上部にまで達して、「自律的」な外務省が確立するのは戦間期の一九二〇年代を待たなければならなかった。それまでは、そもそも外務省といっても他省等からの出入りは自由であった（たとえば、外務官僚の専門性の観点から他省との出入りが容易であることを問題視した原敬も、本人自身が井上馨や陸奥宗光に従って外務省を出たり入ったりしている）。また、外交官の専門性が獲得されていないために、元老や首相が外務省の頭越しに政治決定を行ったりすることもよくみられた。

このような明治外交の特質を考えたとき、「政治外交史」という枠組みの方が分析するうえでより適切ではないかと思われるのである。

『日本外交文書』の編纂開始

以上見てきたように、日本の場合は「政治外交史」という枠組みが定着しているため、本来であれば「政治外交史」の最前線を検討しなければならないのかもしれないが、本稿ではいったん「政治（内政）」と「外交」とを切り分けたうえで、その外交史研究の進展に密接に関係するものとして、外交文書の公開の問題がどのように進展したのかということを次にみていきたい。

もともと日本外務省は一九二三年に書庫（鉄筋コンクリート四階建て、建坪約五〇坪、記録収容量五万冊）を竣工させた結果、直後に起きた関東大震災でも「外務省記録」が被災するようなことはなかった。確かに、旧記録の保管についての全面的見直しが行われたり（一九二九年）、記録書庫が手狭になったり（一九四一年）したことから、多くの記録が廃棄されはしたものの、外務省は他省にくらべて文書の保管が圧倒的によい方であった。

一方、前述のごとく、西欧では第一次世界大戦の勃発後、自国の正当性を証明するために、開戦過程に関する外交文書を公刊することによって、外交史研究が花開いた。実は日本においても同様の事例はみられ、日清・日露戦争、特に日露戦争のとき行われた。ただし、これはあくまでも一時的なもので、永続しなかった。本格的な外交文書は、一九三六（昭和一一）年に外務省の外郭団体である日本国際協会から『大日本外交文書』第一巻第一冊が公刊されたことにはじまる。ちなみに、『大日本外交文書』の明治期に関しては、明治何年というのを第何巻という風に表記するので、第一巻は明治元年をさしている。そして、一九四〇年に第九巻、すなわち明治九（一八七六）年まで刊行したところで、外交文書編纂は「不急」の事業であるとして中絶してしまう。前年の一九三九年にヨーロッパ戦争、すなわち第二次世界大戦が始まったことを受けてのことであろう。

ただし、公刊が再開されたときに備えて、外交文書の編纂は引き続き行われた。『日本外交文書』の第一〇巻から第一九巻、つまり明治一〇（一八七七）年から明治一九（一八八六）年までの分をあわせて編纂しているなか、一九四二年一月に外務本省が火事になり、この際に四七七冊のファイルが焼失する。よって、現在『日本外交文書』の第一〇〜一九巻を見るとわかるが、非常に薄くなっているのはこのためである。

ちなみに明治一〇年代ということで、条約改正関係の記録が多く失われ、『日本外交文書』が薄く使えないので、近年になって本格的な研究（五百旗頭薫『条約改正史――法権回復への展望とナショナリズム』有斐閣、二〇一〇年。大石一男『条約改正交渉史――一八八七〜一八九四』思文閣出版、二〇〇八年）が出るまでは、条約改正に関しては川島信太郎《のぶたろう》という戦前期の外交官の作った調書ですます傾向が強かったのである。

一九四五年五月の東京大空襲で外務省庁舎は全焼したが、書庫は無事であった。もちろん、各主管課に保管中の文書は焼失する。そのうえ、八月の終戦時には非常焼却が行われ、五〜八月のあいだで六六九八冊（上記の空襲による焼失を含む）のファイルが失われた。この非常焼却は、当時いわゆる「極秘記録」として特別扱いされていたものを優先的に焼却するものであった。その点、やみくもに文書を焼却した陸軍と違って、外務省は計画的に焼却したのである（具体的には、外交文書の簿冊に優先順位を示す印をつけて、それに従って焼却した）。

もちろん、アジア太平洋戦争の戦争責任関係に近いところから焼却するので、明治期にはあまり関係ないと思われるかもしれないが、実際はそうではなく、たとえば日英同盟関係も焼かれている。よって、後年公刊された『日本外交文書』では、わずかに「松本記録」（戦前期に外務参与官・政務次官を務めたため外交文書へアクセスすることのできた松本忠雄が、自身の外交史研究のため自身らによって筆写した約三〇〇冊を、戦後遺族が外務省へ寄贈したもの）から復活したものを収録しているのである。

『日本外交文書』編纂の再開

『日本外交文書』の編纂は、戦後の一九四七年から再開する。その際、第一〇〜一九巻は編纂中に外交文書のファイルが燃えているので後回しにして、とりあえず第二〇巻より再開して、第一〇〜一九巻は原稿の整理・補塡が出来次第公刊することとなった。ちなみに、発行元は国際連合研究会（すぐに日本国際連合協会へ改称）であった。

それから足掛け一六年で第一〇～四五巻、すなわち明治一〇（一八七七）～四五（一九一二）年の三六年分を、途中日露戦争の別冊編とかをもはさみながら公刊が行われて、一九六三年に明治期編の刊行が終了する（戦後刊行分は六一冊である）。ちなみにその後の大正期編になるとさらに刊行スピードにドライブがかかって、平成が始まる直前の一九八七年に刊行が完結した。単純に考えて、これだけ刊行スピードが早いと、日本外交史研究が『日本外交文書』刊行に追いついておらず、刊本であるところの『日本外交文書』が十全に使われているのか、疑問なしとしない。

それでは皆で、使いつくされてはいない『日本外交文書』を活用して研究を進めるとして、実は『日本外交文書』自体にも問題がある。もちろん、『日本外交文書』を編纂された方々には敬意を表するし、『日本外交文書』の刊行によって外交史研究が一気に進んだところがあるのを認めるのにやぶさかではないのだけれど、やはり『日本外交文書』にも問題点はあるといわざるをえない。

最大の問題点は、『日本外交文書』が収録した個々の外交文書が「外務省記録」のどの簿冊（ファイル）にあるのかわからないというところにある。外務省記録は「一件体」といって、ある事件やテーマに関し、その事件が始まってから終わるまでの外交文書がファイリングされている。しかし、刊本であるところの『日本外交文書』は編年、すなわち年ごとで区切っている。そのうえで、『日本外交文書』の収録する外交文書が「外務省記録」のどのファイルにあるのかは明示されていないので、外交史研究者は『日本外交文書』のうちの外交文書の内容と、「外務省記録」のファイルの表題を見比べたうえで、「外務省記録」のこのファイルにあるに違いないと類推して探すということになる。場合によっては、すでに『日本外交文書』で活字化されており、またどのファイルに綴じこまれているかを検索するのが面倒なので、原史料までさかのぼるという歴史学の基本をしないですませてしまうことにもなりかねない。

また、元の「外務省記録」から『日本外交文書』に、史料がどの程度まで採録されているかというのも、よくわからない。編纂員のあいだでも色々考え方に違いがあって、できる限り元の「外務省記録」を採録するという人と、いや『日本外交文書』には紙幅に限りがあるので、あくまでファイルの中の代表的な文書だけを採録するという人に分かれたりする。後者に関しては、一九七一年に外交史料館が開館すると、『日本外交文書』には外交文書のうち代表的なものだけを拾って、あとは外交史料館でみてほしいという話になる。このように、『日本外交文書』が実際にどれだけ元の「外務省記録」から採録しているかは巻ごとで違っていながら、そのことは当時の編纂員にしかわからないというわけなのである。

アーカイブズとしての外交史料館

次に、外交史料館という日本におけるアーカイブズについてみていきたい。一九四五年に日本がアジア太平洋戦争に敗北すると、連合国軍がジープで外務省に乗り込んできて、「外務省記録」である476冊のファイルを接収、これらは極東国際軍事裁判（東京裁判）の弁護側・検察側双方の書類として使われることになる。その後、一九四九〜五一年、アメリカ議会図書館はアメリカ国務省の援助を受けて、「外務省記録」のうち枢要な部分をマイクロフィルム化した（約二〇〇万ページにおよぶ）。このマイクロには目録も作られた（*Checklist of Archives in the Japanese Ministry of Foreign Affairs, Tokyo, Japan, 1868-1945*）ため、以後、日本外交史研究者はこのマイクロフィルムを使って研究することになる。さらに、マイクロフィルム化が終わった「外務省記録」は、順次アメリカから日本の外務省へ返還されたが、すでにマイクロフィルムによって事実上オープンになっているものを、いまさらクローズドにしても意味がないということになって、「外務省記録」の公開へとはずみがつくことになる。

実際、一九五八年には戦前の外務省記録の一括公開が決定され、大学研究者などに外務省記録の閲覧サービスが提供されることになった。ただし、この時点では外交史料館はできていないので、研究者は当時外務省が庁舎としていた日産館ビル二階の外交文書室まで見に行くということをしていたわけである。

一九六五年には財団法人国民外交会館が設立されるが、その目的の一つには外交関係資料の収集・整備と一般国民への利用提供とがあり、民間からの寄付金と国の補助等によって資料館を建設する方針であった。資料館建設にあたり敷地確保が困難なため、外務省が資料館を建設し、その管理・運営を国民外交会館に委託する方針に変更された。そのような紆余曲折を経て、ついに一九七一年、アーカイブズとしての外交史料館が開館した。「外務省記録」約四万八〇〇〇冊、条約書約六〇〇件、国書・親書約一一〇〇件、戦後外交記録（マイクロフィルム）を外交史料館が所蔵することとなった。

外交史料館では「外務省記録」の閲覧業務とともに、『日本外交文書』の編纂業務も行われることになった。すなわち、『日本外交文書』の編纂は、外交史料館建設前では外務省の記録課、ついで文書課で行われていたのが、外交史料館開設後は、同館の人が肩書きとしては外務事務官として編纂することになる。

外交文書編纂員による外交史研究

話がさかのぼって、外交史料館開館前は外交文書が基本的にはクローズドな性格だったため、『日本外交文書』の編纂員が編纂のかたわら、編纂で得られた知見を研究・発表するという現象がみられた。一九五六年、国際政治学者である神川彦松を理事長として、日本国際政治学会が創設された。さらに日本国際政治学会の部会として日本外交史研究会（幹事植田捷雄《としお》）が一九五七年に外務省会議室で第一回会合を開き、一九七〇年にいたるまで毎月外務省の一室で研究会を開催するということになった（のべ一〇四回開催）。この研究会には外交文書室勤務者が積極的に参加し、その研究発表は日本国際政治学会の機関誌『国際政治』に掲載された。外交文書室の編纂員が日本国際政治学会の日本外交史研究会で研究発表し、それを『国際政治』の特集号に掲載して、分量がたまると原書房から出版するというパターンができていく。

ちなみに、同時期の一九五八年には日本国際政治学会に太平洋戦争原因研究部（委員長角田順）が設けられ、「外務省記録」と防衛庁戦史室史料を用いて研究会が開かれたように、外交文書室の編纂員（たとえば、臼井勝美氏や長岡新次郎氏）も積極的に参加することになる。その成果が前述の『太平洋戦争への道』全八巻である。

さて、外交文書編纂員による前述のパターンは一九七〇年ごろにピークを迎え、その後は徐々に盛り下がっていくこととなる。というのは、たとえば臼井勝美氏や大山梓氏が典型であるけれども、前述のパターンで業績が上がると、編纂員が大学に引き抜かれるからである。さらに、それとほとんど同時期に、外務省の一室で行われていた日本外交史研究会も一九七〇年に終了する。もちろん、『国際政治　日本外交史研究』という特集号もみられなくなる。さらに、外交史料館の開館によって、「外務省記録」、すなわち外交文書自体がオープンになる。すなわち、誰もが外交史料館に来たら「外務省記録」を見ることができるようになる。というわけで、外交文書編纂員が優先的にアクセスすることのできた外交文書をいち早く利用することで決定版の研究を行うといったパターンは、一九七〇年ごろを境に終焉していく。

もちろん、このようなパターンは、現在編纂中の戦後外交を除いて、二度と再現することはないであろう。結局のところ、私たち一人一人が外交史料館に行って外務省記録を読むという実直なやり方しか研究を前進させる方法はないのである。ただし、近年、研究のあり方自体を根本的に変えてしまった、無視できない動きとして、「アジア歴史資料センター（アジ歴）」の開始と定着について次に触れておきたい。

「アジ歴」の開始と定着

一九九四年、村山富市内閣の発表した、アジア諸国に対するいわゆる「お詫び」としての構想から計画がスタートし、二〇〇一年に「アジア歴史資料センター」が国立公文書館の一組織として開設されるにいたった。これは政府直轄のアーカイブズである外務省外交史料館・防衛庁（現防衛省）防衛研究所図書館・国立公文書館のアジア太平洋戦争関係史料を、順次デジタル化して公開するというものである。最近見たホームページによると二八〇〇万超の画像となっているが、今から一〇年くらい前では二〇〇〇万ぐらいだったので、毎年一〇〇万画像が増えていくペースである。このペースでいけば、数年後には三〇〇〇万を超えるのではないかと推測される。

少し前までは外交史料館へ行っても複写するのが結構面倒ないし複写料金も高額で、筆写した方が早いというところもあったが、最近は持ち込みのデジタル機器で撮影可能となった。その結果、近年外交史料館へ行くと、皆が中腰でデジカメやモバイル・スマホのカメラで熱心に撮影はするが、その場で文書を閲覧することはしないという、まるで撮影大会みたいな様相になってきている。そのような変化自体も驚愕だけれど、さらに近年ネット上に猛烈な勢いで史料がアップしているという事態にも驚かされる。たとえば、外交史料館で「外務省記録」を一生懸命撮影したのち、念のためアジ歴を確認してみたら全部載っていたという話になるわけである。

外交史料館はアジ歴での史料公開にかなり積極的であって、逆に言えばアジ歴にアップしたファイルは船橋の倉庫にあるので取り寄せになるという、ひと昔前の研究者からすればすさまじいといってよい状況に現在突入している。

もちろん、「アジ歴」の利点には、圧倒的なものがある。従来、原書房から刊行された紙の目録（外務省外交史料館編『外交史料館所蔵外務省記録総目録：戦前期』全三巻、原書房、一九九二～九三年）ではどのファイルに収録されているか予測不可能な史料を、「アジ歴」のデータベースで検索して、デジタル・アーカイブズで閲覧するということができるのである。近年の若手研究者の論文や学部生・院生のゼミ発表では、従来であれば予想もつかないような史料を「アジ歴」から見つけてくることに驚かされることがよくある。

もちろん、「アジ歴」はあまりに利便性が高い反面で、欠点というか短所もある。一点目は、このプロジェクトは当初、アジア太平洋戦争のお詫び問題から始まったということもあり、昭和戦前期の政治分野から公開されていったので、著者の研究している明治期では史料がほとんどアップしていない、ないし公開しても部分的であるという状況が長らく続いた。ただし、これは近年大幅に解消されるようになって、明治期も多くの史料がアップされている。

よって、一点目の問題はほぼ解消されたとして、二点目の問題をあげると、検索のピンポイント性という問題があげられる。学部生・院生のゼミ発表で典型的に見られることであるが、データベースにキーワードを打ち込むことで、あるファイルの中のある史料だけにピンポイントで到達してしまう。これは本当にすごい機能ではあるが、逆にその利便性のために、ピンポイントで到達した史料の前後を見ないし、ましてやそのファイル全体を見ることは絶対しないという弊害が生じる。言い換えると、その当該史料だけを切り取って分析するということになりかねない。よって、著者は常々学生には、「セレンディピティ」といって、偶然会う幸福の大切さという話をしつこくしている。本来であれば、「アジ歴」でみつけた史料を皮切りに、たまたま探していた史料以外にも、こういうところにこういう史料があるというように興味関心をふくらませていくことが望ましいのだけれど、利便性に甘えてそういうことはしないという欠点があるのである。

外交史研究のこれから

以上見てきたことをふまえると、明治外交史研究には、これからもおそらくこのような方向で続くだろうし、また続くことが期待される方向性が三つある。

第一の方向性は、前述の通り、「政治外交史」という枠組みである。すなわち、外交には様々な政治家なり、軍人なりといった非公式チャネルである個人が参入してくるわけなので、外交史料館所蔵の「外務省記録」のみならず、国立公文書館や防衛省防衛研究所図書館の公文書や、さらには政治家の私文書をもつきあわせて検討する必要があるということである。後者に関しては、近代日本においては「私文書」といっても、もともと限りなく公的な性格を持つものなのである。また今までは、外交史研究者は外務省記録を見ても私文書には関心がなく、逆に政治家の私文書発掘や翻刻をする研究者は内政に興味を持っても外交には興味がないという、ちょうどお見合い状態にあったが、このような状態は好ましいものではないであろう。

第二の方向性は、マルチアーカイバル・アプローチである。これは誰もがそうあるべきだとは思いつつも、実際にやるには膨大な手間暇がかかる手法である。すでにアメリカやイギリスのナショナル・アーカイブズに行って史料を閲覧・複写するのは当たり前の時代に突入した以上、さらに中国の檔案館やロシアのアーカイブズに行って、史料を閲覧・複写することが求められる時代になってきている。そのような膨大な手間暇をかけた研究成果として、たとえば服部龍二氏の研究（『東アジア国際環境の変動と日本外交 1918-1931』有斐閣、二〇〇一年）が挙げられるが、まねしようとしても実際にはその手間暇の膨大さからいって簡単にまねできるものではない。しかしながら、そのような手法を実践しようとする野心、ならびに手間暇やエネルギーを惜しまない熱意のある人を期待したい。

最後である第三の方向性は、アーカイブズ学的な研究手法である。「アジ歴」で史料が月からでも見られるという状態に突入した以上、これからはアーカイブズ学的な手法がますます必要とされるであろう。すなわち、史料における本文の文字情報だけを抽出してすむ段階はすでに終わっているのである。たとえば、大正期外交を研究した熊本史雄氏が実際に行っている（熊本史雄『大戦間期の対中文化外交――外務省記録にみる政策決定過程』吉川弘文館、二〇一三年）ことではあるけれど、外交文書の欄外にある決裁印やスタンプから外交文書のライフ・ヒストリーやライフ・サイクルがわかるし、さらにそこから外務省組織の意思決定や政策決定のあり方までもが見えてくる。そのような研究手法を、明治期外交の研究においても適用する必要があるだろう。

明治期の日本外交史研究には、まだまだ研究すべき沃野が広がっているのである。

コラム16 明治初期外交の論点

小磯聡子

明治初期外交の特徴と研究の現状

明治初年の外交は、新しい国際環境にすり合わせようとした期間である。このすり合わせは、往々にして大なり小なりの摩擦を伴い、結果的には外交問題となるのである。例えば、マリア・ルス号事件、台湾出兵、江華島事件、樺太問題、琉球問題などである。このほかにも比較的穏便に決着した小笠原問題なども含め、この時期の外交問題は交渉相手や交渉内容が異なり、バラエティーに富んでいる。

この様々な外交問題を一つの「点」にたとえるならば、その「点」と「点」をつなぐ「線」がなければ、明治初期外交の全体像を描き出すことはできない。その「線」を探すことが、研究テーマであると考えているが、先行研究でも、「線」を求めたアプローチをしている。

石井孝著『明治初期の日本と東アジア』（有隣堂、一九八二年）は、国内の史料だけでなく、欧米の外交文書を博捜して詳細な研究を行った。最近では勝田政治『大久保利通と東アジア――国家構想と外交戦略』（吉川弘文館、二〇一六年）などがある。こうした研究がどのような視点で、この時期を捉えようとしているのかを考察してみたい。

石井著『明治初期の日本と東アジア』では冒頭で「日本軍国主義の原点を探ろうとする本書」と述べているように、「線」を「日本軍国主義」に求める。特に明治政府初の海外出兵に、石井氏は強い関心があったと思われ、その著書のほぼ半分を台湾出兵の考察に占めている。しかし、台湾出兵の基本方針である「台湾蕃地処分要略」に、当初はあった「植民地化」の意図が廟議《びょうぎ》を経て消えている事実については、「廟議が一決しなかった」という簡単な説明で片づけ、意外にも詳細な検討をしていない。石井氏が考える「海外派兵＝軍国主義（＝植民地化）」という図式では、説明しがたい部分があったからではないだろうか。

一方の勝田著『大久保利通と東アジア――国家構想と外交戦略』は、この時期に大規模な対外戦争へ進まなかったことを指摘する。そこには、大久保利通が主導する明治政府が対外戦争を回避することで、民力の消耗を抑え、結果的には国力の増進へつなげようという姿勢があったとする。かつて、石井氏の著書で欠落した説明を、勝田氏が可能にしたのである。勝田氏は、江華島事件、琉球処分などもこうした観点から、検討を試みており、最終的には『民力』を基盤とした国家富強策」をこの時期の外交問題をつなぐ「線」として捉えている。勝田氏の研究により石井氏の「海外派兵＝軍国主義」という図式が見直しを迫られたのである。ただし、勝田氏の見解にも弱さを感じる点はある。台湾出兵では、台湾で日本軍はマラリアなどで疲弊し、一方で台湾をめぐる日清交渉が膠着状態になり、開戦直前まで、もつれこんでいる。イギリスの仲介がなければ、日清開戦もあり得たかもしれない。対外戦争を避けて民力を温存することを、明治政府が大前提としていたのであれば、こうした日清開戦に臨むような態度へ進んでいたであろうかという疑問もでてくる。

そこで、改めて、この時期を検討するに際して、果たして、明治初期は「軍国主義の萌芽」という「線」でつなぐべきか、「対外戦争を避け国家富強策の推進期」という「線」であるべきか、あるいはそれ以外の何か新しい「線」が隠されているのではないだろうかということになる。

課題と方法

外交問題をつなぐ「線」を求めて、注目したいのが、従来の東アジアの国際秩序や国家間の関係性を変更し、欧米の国際秩序を受容したことである。この欧米の国際秩序とは、近代国際法によって創出されたものである。要するに、明治政府は近代国際法に依拠した外交を展開したのである。

近代国際法では、世界を「文明国（主に欧米・キリスト教国）」、「半文明国（主に清国・トルコ・日本等非キリスト教国）」、「野蛮国（文明国・半文明国以外の地域）」に分ける。文明国間では、国家の大小に関わらず、相互の主権が認められ、平等である。一方で、幕末期の日本がそうであるように、半文明国には、ある程度の主権しか認められない。それゆえに不平等条約の締結があった。ただし、文明国として相応の条件が揃えば、文明国の一員になる可能性もあり、日本が条約改正に対して希望を持ち、政治、教育・文化、経済といった各方面で近代化する原動力にもなった。しかし、野蛮国の場合、たとえ人が住んでいたとしても「無主《むしゅ》地《ち》」とされ、文明化の名の下に、文明国による植民地化が認められる地域とされた。つまり、近代国際法とはトップグループを形成する文明国の力が、下層へ振り下ろされる仕組みである。これは、法学における理論であるが、実際とどの程度、合致するのか、あるいは乖離しているのかを見極め、分析するのは、歴史学の仕事である。

近代国際法の性質を考慮すれば、明治期の外交において、力を他へ加える外交が存在するのは必然である。しかし、台湾出兵では、植民地獲得を目的とする出兵案が反対され、単に問罪のみに方針が変更されたように、近代国際法は単に力を振り下ろし植民地を得るためだけにあるのではない。そこには、台湾が無主地なのか、日本が出兵すべき立場にあるのかという近代国際法の論理があり、その論理に自分たちが沿っているのかを見極め、欧米諸国に近代国際法を遵守する姿勢をアピールしていることに着目したい。つまり、明治政府は近代国際法に見合った行動ではないと判断すれば、それに見合うように方針を変えるのである。

また、近代国際法が、不文法であったことも重要である。台湾出兵でいえば、台湾全体が清国領なのか、あるいは清国が実効支配している地域のみ清国領で、そうではない地域は無主地であるのかという点で判断が分かれた。この判断は、清国の見解も加味されるべきであるが、そもそも清国は明確な態度を示そうとしなかった。そのため、明治政府で判断することになるが、不文法であるため、その解釈が分かれ、方針は揺れ動くのである。国際社会に踏み入れたばかりの明治政府にとって、この難問を解くには、近代国際法に対する机上の知識だけではなく、現状に即した合理的な近代国際法の解釈が必要であり、その経験は、次の外交問題に生かされていくことになる。こうした彼らの近代国際法に対する解釈と近代国際法の特徴を一つ一つ観察することで、明治初期外交の「点」と「点」をつなぐ新たな「線」が見出され、これによって、明治初期外交の全体像が描けるのではないだろうかと思うのである。

コラム17

条約改正史研究の論点

小宮一夫

条約改正史研究の歩み

条約改正史とは、幕末から明治初年にかけて日本が欧米各国と締結した条約は「不平等」であるとして、日本が欧米各国に対し条約の改正を求め、法権及び関税自主権の回復に至る過程の歴史である。日清戦争の直前に締結された日英通商航海条約で領事裁判権の撤廃と税権の一部回復が決まるまでは、日本にとって条約改正は最重要の外交課題であった。

日本近代史研究が本格化するのは第二次大戦後だが、条約改正史に関しては実証水準の高い書籍が昭和戦前期に刊行されている。深谷博治《はくじ》『初期議会・条約改正』（白揚社、一九四〇年）及び山本茂『条約改正史』（高山書院、一九四三年（大空社復刻、一九九七年））である。後者の『条約改正史』は、関税自主権を回復した小村外相期の記述は薄いものの、幕末から明治末年に至る条約改正の全過程を対象としており、戦前期における条約改正史研究の最高峰といえる。

第二次大戦後は、岩倉使節団の対米交渉をとりあげた下村冨士男『明治初年条約改正史の研究』（吉川弘文館、一九六二年）や、居留地制下におかれた欧米が日本に強く求めた「内地旅行」の問題をとりあげた石井孝『明治初期の国際関係』（吉川弘文館、一九七七年）などの成果を得た。また、稲生典太郎《いのうてんたろう》氏は、民間の条約改正論の変遷を跡付けた（『条約改正論の歴史的展開』小峯書店、一九七六年）。現在は、政治や外交に世論が及ぼす影響について研究者の関心が高まっているが、稲生氏の研究はこうした研究の先駆けといえよう。

条約改正史研究の活性化と今後の課題

条約改正研究は、一九九〇年代以降、活性化した。伊藤之雄『立憲国家の確立と伊藤博文――内政と外交　一八八九～一八九八』（吉川弘文館、一九九九年）は、初期議会期における政治争点として予算問題の陰に隠れていた条約改正問題の重要性を指摘した。小宮一夫『条約改正と国内政治』（吉川弘文館、二〇〇一年）は、明治二〇年代の条約改正問題をめぐる政府と政党、民間との政治抗争を分析し、自由党が条約改正問題を利用して、政府との距離を縮め、日清戦後の政権参入を実現したと主張する。また、同書では、外国人に日本国内の移動・居住の自由を認める「内地雑居」問題が立憲政治開幕期から初期議会期にかけて条約改正の重要な争点となったことを明らかにした。こうした研究によって、条約改正をめぐる政治過程の研究は大きく前進した。

こうした研究成果を受ける形で、条約改正の交渉過程に関する研究も大きく前進した。大石一男『条約改正交渉史　1887～1894』（思文閣出版、二〇〇八年）は、条約廃棄戦術が条約改正の有効な方策であったとして、大隈重信外相から陸奥宗光外相に至る時期の欧米各国との改正交渉を論じた。条約廃棄がもたらす欧米諸国との軋轢の大きさを考慮すると、条約廃棄の可能性は冷静に見極める必要がある。しかし、これまで十分に顧みられなかった条約廃棄の問題を組み込むことで、条約改正研究は新たな広がりを見せるであろう。

五百旗頭薫氏は『条約改正史――法権回復への展望とナショナリズム』(有斐閣、二〇一〇年)で、寺島宗則外務卿、井上馨外務卿・外相期の条約改正交渉に焦点をあて、日本は当初行政権の回復をめざしていたものの、それが挫折し、より難関の法権回復へと条約改正方針を転換したことを明らかにした。税権回復、法権回復に先立ち、日本が行政規則制定権(行政権)の回復を構想していたという論点は、条約改正史と近代国家形成史を有機的に接続させ、条約改正を通じた近代日本の「行政国家」化という新しい歴史像を提起する。

条約改正史研究で今後待たれるのは、法権回復と比較して研究蓄積が薄い関税自主権回復についての研究である。阿曽沼春菜「日本の関税自主権回復問題にみる「もうひとつの」日英関係　小村条約改正交渉とイギリス一九一〇~一一年」(一~三・完『法学論叢』一六三―二、四、六、京都大学法学会、二〇〇八年)は、関税自主権の回復を実現するため、日本は低率の協定関税の維持を望むイギリス側に相当の譲歩を行ったことを明らかにしている。また、改進党の郵便報知新聞系が関税自主権の回復によって関税を引き上げ、それを地租軽減の財源に充てるべきだと主張したという斬新な論点が盛り込まれた五百旗頭薫『大隈重信と政党政治――複数政党制の起源　明治十四年―大正三年』(東京大学出版会、二〇〇三年)は、税権回復を政治外交史の観点から研究するうえでさまざまな示唆を与えるであろう。

国際関係のなかで条約改正を検討するうえで、東アジアにおける「不平等条約体制」という概念は有益である。この概念は稲生氏と大山梓氏の共同研究で打ち出され（稲生典太郎『東アジアにおける不平等条約体制と近代日本』岩田書院、一九九五年）、近年は小風秀雅氏が東アジアにおける「不平等条約体制」を一九世紀世界システムのサブシステムと位置づけている（「一九世紀世界システムのサブシステムとしての不平等条約体制」『東アジア近代史』一三号、二〇一〇年）。こうした視点に立ち、中国、朝鮮の「不平等条約」と日本の「不平等条約」との運用面での相違について理解したうえで、研究を進める必要がある。

日本が条約改正を実現するためには、欧米が了解する民法や商法などの法典を編纂し、かつ近代的な司法制度を確立する必要があった。藤原明久『日本条約改正史の研究——井上・大隈の改正交渉と欧米列国』（雄松堂出版、二〇〇四年）は法制史の立場から、日本の司法制度形成を踏まえ、井上馨・大隈重信が外交を担当した時期の条約改正交渉を分析した労作である。今後、こうした条約改正と法典編纂との関連を研究していく際、憲法や法典という「近代法」の伝播（近代法のグローバリゼーション）を視野に入れることも必要であろう。

コラム18

日清戦争研究の論点

佐々木雄一

日清戦争概略

日清戦争は日本にとって、近代国家として戦った初の本格的な対外戦争である。朝鮮で内乱が拡大したのを受けて一八九四年六月に兵を送り、そこから清や朝鮮との折衝がなされるが折り合いがつかず、七月に日清間で戦闘が始まる。戦況は、総じて日本側優勢で推移した。一八九五年四月、講和条約が結ばれ、日本は台湾や澎湖《ほうこ》諸島、そして多額の賠償金を得る。その後の対外膨張と相次ぐ戦争の起点である。

東アジア史、ひいては世界史的に見ても、日清戦争の持つ意味は大きい。日清戦争以前、東アジアにおいて大国といえば清であった。近代西洋との接触や明治日本の誕生によって中国王朝を中心とする東アジアの秩序は再編を迫られていたが、いまだ崩壊してはいなかった。むしろ一八八〇年代から、清の朝鮮に対する影響力は強まっていた。しかし日清戦争の結果、清は朝鮮の完全な独立を認めることとなる。日本に敗れた清に対する評価は下落し、三国干渉などもあって列強の東アジア進出が本格化した。一八九八年には、いわゆる中国分割が発生する。他方で日本は、日露戦争や第一次世界大戦を経て、地域の強国からさらに世界の大国へと変貌を遂げていく。

研究史

日清戦争に関する研究は戦前から蓄積があり、日清戦争一〇〇周年を迎える一九九〇年代に一つのピークに達した。研究の内容としては、伝統的には開戦過程や戦争指導体制など、政治・外交面に力点が置かれてきたが、二〇〇〇年代にはそうした観点からの研究はあまり見られなくなった。代わって、国民・兵士にとっての戦争体験、戦争を通じた「国民」意識の形成といった、社会史的な面からの分析が盛んになった。日本の軍事行動や各戦闘に関する知見も積み重ねられている。そして二〇一〇年代、政治史・外交史の新たな研究も再び発表されるようになってきた。

日清戦争の研究史において重要な点は、開戦過程に関する通説が転換したことである。かつては、早くから朝鮮進出を目指していた明治日本は計画的・必然的に日清戦争を起こした、という見方が主流だった。それに対し、日清戦争は日本政府内で長期にわたって計画・決意されたものではないとの説が提起され、通説的地位を占めるに至った。代表的な論者は、檜山幸夫、高橋秀直、大澤博明各氏である。開戦過程を分析していくと整然と開戦に向かったわけではなく錯綜していたことがわかるというのと、一八八〇年代の日本外交の基調は対清協調だったというのと、両面の新たな知見が示された。対清開戦を望む軍が政府を引きずっていったと捉える二重外交論の見方もかつては存在したが、これも現在では否定されている。人物でいえば、以前は、首相の伊藤博文は避戦論だったということで開戦積極論の陸奥宗光外相や川上操六参謀次長を軸に開戦過程が論じられる傾向があった。しかし近年の研究では、軍との関係、外相との関係いずれにおいても優位な地位にいたのは伊藤首相であり、日清開戦過程は伊藤を中心に分析する必要があると考えられている。同時に、陸奥や川上の人物論的研究もなされ、彼らがどのような立場と認識のもとでいかなる行動をとり、どの程度影響を与えたのか、実証的に示されている。

残された課題

それでは、日清戦争以前の日本外交は対清協調路線で、伊藤首相は対清開戦に消極的であり、軍は政府のコントロール下にあったのならば、なぜ日本と清は開戦に至ったのか。

この問いに対して、今のところ、広く合意された答えはない。通説的見解が計画的（意図的、必然的）開戦説から非計画的開戦説へと変わってきた、というところで議論が止まってしまっていた。近年の代表的研究と位置づけられてきたのは高橋秀直『日清戦争への道』（東京創元社、一九九五年）だが、伊藤が途中で態度を転換したことで対清開戦に向かったとする同書の説明は、開戦過程を実証的に分析したその他の諸研究から実は支持されていない（檜山・大澤両氏の諸論稿および後掲の斎藤〔二〇〇三年〕、佐々木〔二〇一七年〕参照）。

筆者は佐々木雄一『帝国日本の外交 1894-1922――なぜ版図は拡大したのか』（東京大学出版会、二〇一七年）でそうした点を指摘し、開戦に至った原因を改めて論じた。伊藤は対清協調志向といっても同時に朝鮮独立扶持を目指していて、客観的には清中心の秩序に挑戦している面があり、その大枠のなかで、清に対してより強硬な姿勢で臨もうとする陸奥が開戦の可能性を高めた、というものである。

前述の通り、伊藤の位置づけの見直しや軍主導の派兵・開戦という像の否定など、議論が収斂している部分も多い。しかし、朝鮮への派兵を決定した段階の伊藤や日本政府の意図はどのようなものだったのか、伊藤が対清武力衝突を決意したのはどの時点か、といった点は論者によって見解が分かれている。評価が定まっていくのはこれからだろう。

もう一つ大きな課題として残っているのが、斎藤聖二『日清戦争の軍事戦略』（芙蓉書房出版、二〇〇三年）による問題提起である。同書は、非計画的開戦説がもたらした新たな知見を評価しつつ、しかし一八九四年の時点で軍事的観点から見て清との戦争が可能な状態になっていたと指摘した。軍主導で対清開戦に至ったわけではないにしても、軍事体制の整備が前提条件となって清との戦争が決断されたのだとしたら、その意味をどう評価すべきなのか。日本政府内の対清・朝鮮政策をめぐる意見の分布や、伊藤が日清の軍事力についていかなる認識を持っていたのかといったことと合わせて、さらに考えられるべき点である。

なお研究史の整理については、佐々木（二〇一七年）、同「日清戦争——日本と東アジアの転機」（小林和幸編『明治史講義【テーマ篇】』ちくま新書、二〇一八年）も参照されたい。

コラム19

植民地研究史の整理と課題

日向玲理

研究の出発

本コラムでは、植民地研究に関するこれまでの研究成果と課題を紹介したい。近代日本の歩みを振り返る時、植民地をめぐる諸問題への問いを避けることはできない。日本の植民地帝国化を考えることは、アジア・太平洋地域の近現代を考えることでもある。

戦後の植民地研究は、政治的・軍事的侵略や経済的収奪の過程を明らかにしようとしていた。一九六〇年代になると、多くの研究者の努力によって様々な史料の発掘とそれに基づく実証研究が行われ、日本の植民地支配とそれへの抵抗運動へと視野を広げるような分析枠組が設定された。例えば、後に『日本帝国主義と満州――一九〇〇〜一九四五』（塙書房、一九九二年）を著した鈴木隆史は日本の満州支配を政治外交史の面から把握し、『日韓併合小史』（岩波書店、一九六六年）や『日本統治下の朝鮮』（岩波新書、一九七一年）などを著した山辺健太郎は日本の朝鮮支配の確立過程や、民族運動の展開を実証的に論じた。

一九七〇年代以降、植民地研究の量的増加に加え、問題意識の広がりや方法論も多様化した。例えば、浅田喬二は「日本植民史研究の現状と問題点」（『歴史評論』三〇〇号、一九七五年）のなかで帝国主義の植民地経済支配の基本政策を土地、金融・財政、鉄道支配の「三本柱」にあるとし、これらの実証に基づき、帝国主義と植民地の相互の関連性を解明することだと論じた。これに対し、小林英夫は「一五年戦争と植民地」（石井寛治他編『近代日本経済史を学ぶ』下巻、有斐閣、一九七七年）のなかで「三本柱」で分析できるほど日本の植民地支配は強固で永続的なものだったのかと疑義を呈し、むしろその時々の帝国主義世界体制内で規定された選択の幅のなかにおいて植民地政策の「柱」も変化すると指摘した。このような方法論の提起と議論が行われたことで、次代の研究にも大きな影響を与えた。

一九八〇年代の後半には、東アジアの新興国の台頭とその体制の民主化があった。他方で、社会主義体制の凋落と崩壊という事態が起こると、それまでのマルクス主義や帝国主義論は説得力を失った。マルクス主義や帝国主義という歴史研究における「大きな物語の終焉」によって、固定観念にとらわれない歴史の見方や研究を生み出すことになった。例えば、帝国主義論を政治や経済以外の領域に適用しようとする帝国主義社会史や文化帝国主義論、ポストコロニアル研究、植民地近代論などが提唱された。しかし、研究者の問題意識の拡散と研究対象の細分化が進むことで地域分断的な研究となり、相互の対話の可能性を低めてしまったとの指摘もある。

研究の多様化

このような研究状況について駒込武は「「帝国史」研究の射程」（『日本史研究』第四五二号、

二〇〇〇年）のなかで①複数の植民地・占領地と日本内地の状況の構造的連関を横断的に捉える、②内地と植民地の相互規定性を捉える、③政治史や文化史の領域の重視、④すでにカテゴライズされたものを自明視せず、その形成と変容に着目する、という四つの視角を通じて、「植民地帝国」としての日本を描き出す必要を述べている。③における「文化」とは、政治的・経済的な支配―被支配ではない植民地の状況を表現する意味として用いられる概念を指している（一般的な文化史・文化研究が念頭に置く個別の作品やマスメディアなどのことではない）。「文化」に着目する意義は、植民地状況を創り出す側（いわば権力側）が、日常生活の様々な回路を通じて政策的な意図を働きかける様相を捉えようとする点にある。

一九九〇年以降から現在までを通覧すると、植民地研究はさらに多様な問題関心と方法論のもとで進んでおり、その全体像を把握するのが困難な状況になっている。こうしたなかで、植民地研究の動向と現状を把握できる文献として、大江志乃夫他編『岩波講座　近代日本と植民地』全八巻（岩波書店、一九九二〜一九九三年）、柳沢遊・岡部牧夫編『展望日本歴史20　帝国主義と植民地』（東京堂出版、二〇〇一年）、山本武利他編『岩波講座「帝国」日本の学知』全八巻（岩波書店、二〇〇六年）、日本植民地研究会編『日本植民地研究の現状と課題』（アテネ社、二〇〇八年）と同編『日本植民地研究の論点』（岩波書店、二〇一八年）が編まれたことの意義はきわめて大きい。植民地研究の必読書である。

近年においては、松田利彦・陳姃湲編『地域社会から見る帝国日本と植民地――朝鮮・台湾・満洲』（思文閣出版、二〇一三年）や松田利彦編『植民地帝国日本における支配と地域社会』（国際日本文化研究センター、二〇一三年）に代表されるように植民地の統治方法を政策の分析だけではなく、被支配者（集団）への目配りを意識して地域社会像を描く研究や浅野豊美『帝国日本の植民地法制――法域統合と帝国秩序』（名古屋大学出版会、二〇〇八年）に代表されるように「国際秩序」と「帝国秩序」のなかで近代日本がいかにして周辺地域へ膨張したのかを「帝国法制」の視点から描いた研究がある。これらは、民族・ジェンダー・諸集団・諸階層が織りなす植民地社会の多様性やそこに生きる人々を活写することでその実態を明らかにしている。

こうした諸成果によって、従来の研究が前提としてきた国民国家を単位とする均質化された空間という見方も修正されつつある。要するに、一国史的な歴史像ではなく、世界史の展開のなかに帝国日本を定位する研究の潮流も生まれており、国際比較も可能となってきている。一方で、比較や汎用性を高めるための一般化によって、植民地支配がもたらす暴力や、それが地域に及ぼす変化の固有性との接点が、見えにくくなるという問題点も指摘されている。

いずれにしても植民地支配は、異民族による社会・生活空間の収奪であり、植民地政策として行われる統治は被支配地域に程度の差はあれ非日常性を生じさせる。だからと言って、植民地統治によって直ちに被支配社会を根底から掌握し得たわけではない。植民地支配下であっても伝統的な経済関係や生活意識という日常性が存在し続けた点は見逃せない。それらをふまえ、植民地に生きた人々の実態に即して社会の多層的な構造、日常性・非日常性が交錯することで生じる固有の時間や空間を捉えようとする研究が深まりをみせている。

ここまで、植民地研究の研究史をごく簡単に振り返ってみた。かつて指摘された研究対象地域の格差の問題も塩出浩之『越境者の政治史——アジア太平洋における日本人の移民と植民』（名古屋大学出版会、二〇一五年）や等松春夫『日本帝国と委任統治——南洋群島をめぐる国際政治 1914-1947』（名古屋大学出版会、二〇一一年）によって克服されてきている。

右に紹介した諸文献を改めて読み直してみると、各植民地研究を架橋する論点や視角が提示されているものの、未だ共通項のようなものが見えにくいと思われる。そこで著者は「立憲と帝国」という視角から帝国議会における植民地の議論を改めて整理してはどうだろうかと考えている。これまでも六三法問題をはじめ、いくつかの重要問題については注目されたこともあり、その点からすれば目新しさは少ないかもしれない。しかし、この視角によって明治期から昭和戦前期までを通時的に見通すことができ、植民地統治の歴史を「立憲と帝国」の相克の過程のなかに定位することができるのではないだろうか。

第六章　経済史研究――この一〇年の回顧と展望

鈴木　淳

「日本経済史」の世界

明治の経済史と言われると、大学に入りたての皆さんは、高等学校の日本史で学んだ「近代産業の発展」とか「産業革命と社会の変容」といった単元などが思い浮かぶのではないだろうか。そこで扱われる産業の歴史や社会運動も経済史であるが、大学で経済史と言えば、基本的には経済学部の授業科目である。

大学の経済学部にはほぼ確実に日本経済史担当の教員がいて、日本経済史を教えている。その中で、教員の専門や考え方によって相違があるが、二、三割の時間が明治期の経済史に割かれるのが普通である。そして明治期の経済史研究の大半は、経済学部で日本経済史を担当する教員や、その指導の下にある大学院生によって行われている。

私は編者に経済史研究者と見込んでいただいて、この課題を与えられているわけだが、立場は微妙である。一九九五年に『明治の機械工業』で課程博士号を取得するまで、経済史といえる分野の研究の一端を担っていたのであるが、それからは教養学部や文学部で勤務してきたため、日本経済史の授業は担当していない。経済学における日本経済史の研究や教育に関していえば門外漢であり、それだけに勝手なことを述べるが、誤解に基づく話かもしれない。

日本経済史の授業は、経済学部とともに百年ほどの歴史を持っている。私が学生であった一九八〇年代後半には、石井寛治『日本経済史』（東京大学出版会、一九七六年）か、三和良一《みわりょういち》『近代日本経済史』（放送大学教育振興会、一九八四年）を用いて講義をしている大学が多かったようだ。この両著はその後の改訂を経て現在でも利用でき、それを含め現在は十数種の教科書が利用可能な状態にある。二〇一〇年代に新たに刊行された教科書は管見で七種に及び（書名は章末参考文献に掲げる）、このような教科書の多様化こそが、日本経済史の現在の「最前線」である。

近代経済学、マルクス経済学どちらを強く意識するかによって、経済発展というか資本主義の生成というかの言い方の差異はあるが、明治期は日本経済史の中で重要な意味を持つから、これらの本の二三割が明治期の叙述にあてられており、これを参照すれば、最新の研究状況を知ることもできる。またこれまでの日本経済史の研究成果を概観するには、自身の研究を総括するとともに代表的な著書を取り上げて戦後の経済史研究の成果をたどった演習の記録である武田晴人『異端の試み――日本経済史研究を読み解く』（日本経済評論社、二〇一七年）が大変有用であるが、本書はもはや若手研究者や大学院生が研究史を独力で把握することが困難になったことも感じさせる。

経済学と経済史

さて、一九八〇年代の有力な教科書が、独自に発展させながらも、基本的にはマルクス経済学の分析枠組みを継承していたことを考えれば、ここ三〇年ばかりの日本経済史教育の歴史は、マルクス経済学の流れを汲む枠組みからの脱却という一面を持っている。それは、経済学全体の主流がマルクス経済学から近代経済学へ遷移したことに対応している。

このことは経済史研究に危機をもたらしてもいる、マルクスの経済学は経済の歴史的認識に立脚した学問であったから、日本経済史を研究して現在の日本経済を一般的な発展段階の中にどう位置づけるかが、日本経済の理解のために重要であった。これに対して近代経済学は、経済史にそのような地位を与えてはいない。現状を理解し、経済理論が実態に適合するかどうかを検討するだけなら戦後を中心とした現代日本経済史だけで十分であり、それを研究し講義すれば良いという考え方も成り立つ。また、数理分析を主とする近代経済学の同僚の中で、経済史担当教員が孤立感を深めるような現状もあるという。そのような中で、経済史担当教員が、積極的な経済史の意義づけを様々な形で試みていることが、多様な経済史教科書を生み出している背景にあるようだ。

私に経済学について語れる専門性はないが、必ずしも入試で高度な数学能力を要求しないことも多い現状の経済学部で数理一辺倒の教育が行えるわけはなく、学生たちも経済学の研究者になろうという者は少数だから、経済学の学問としての動向にかかわらず、経済学部の教育内容では数理分析だけに限らない経済現象に関する多角的な理解を涵養することが求められよう。社会経験のない学生に経済現象を読み取る知恵を与える上でも、経済史が果たす役割は大きいであろう。

いずれにせよ、日本経済史を講義し、その教科書を書くという営みは、幅広い研究への目配りと、その歴史過程への位置づけ、さらには経済現象を理解する上での意味を常に意識させられるという点で重要である。この種の緊張感は、日本史学の分野より強く、日本経済史研究者の研究テーマの選択や研究成果の位置づけにもあらわれているように思われる。以下、研究面で近年の顕著な動向を、ここ十年以内に刊行された研究書を中心に紹介する。

史料調査の進展

経済史が地方における資産家を対象にすることは昔からであるが、近年では研究費が競争的資金中心となったためもあって、科学研究費補助金等を利用した共同研究により大規模な史料群を共同で調査・整理し、参加者それぞれの関心で研究して論文集を編む例が目立った。史料所蔵者の協力と、まとめ役となる研究者の努力によるところが大きいのは言うまでもないが、若手研究者が比較的容易に実証研究に取り組める機会が得られ、また史料の整理や保存につながることが多いことも含め、望ましい傾向である。具体的には、江戸時代を中心としながら明治を扱った論文もある逸身喜一郎・吉田伸之編『両替商　銭屋佐兵衛』（東京大学出版会、二〇一四年）、半田の小栗家を扱った中西聡・井奥成彦編著『近代日本の地方事業家』（日本経済評論社、二〇一五年）、野田の高梨家を扱った井奥成彦・中西聡編著『醬油醸造業と地域の工業化』（慶應義塾大学出版会、二〇一六年）、南山城の複数の豪農を扱った井奥成彦・谷本雅之編『豪農たちの近世・近代』（東京大学出版会、二〇一八年）などである。もちろん、史料が明治時代の分だけが残っているわけではないから、論文集には前後の時代も含まれる。江戸時代から明治時代にかけての維新期の経済史は、変化が激しく位置づけが難しいこともあって従来研究が少なかったが、このような動向の中で小林延人『明治維新期の貨幣経済』（東京大学出版会、二〇一五年）など若手研究者によって積極的に取り組まれている。

科学研究費補助金等による共同での史料調査は、オーストラリアやアメリカの国立公文書館所蔵の第二次世界大戦期に接収された日本企業現地支店等の文書に関しても進められ、天野雅敏『戦前日豪貿易史の研究――兼松商店と三井物産を中心にして』（勁草書房、二〇一〇年）、上山和雄・吉川容編著『戦前期北米の日本商社――在米接収史料による研究』（日本経済評論社、二〇一三年）など、貿易や商社の組織・活動についての研究で新たな局面を開いた。オーストラリアの文書はアーカイブス学の日本人研究者が調査・整理を進めたこともあって二〇一七年に日本の国立公文書館に移管され、更なる研究の進展が期待できる。明治期については、日本企業の在外史料には限りがあるが、日本と取引があった外国企業の史料の検討によって国内史料だけでは得られなかった展望が開かれた。奈倉文二『日本軍事関連産業史――海軍と英国兵器会社』（日本経済評論社、二〇一三年)、中村尚史『海をわたる機関車――近代日本の鉄道発展とグローバル化』(吉川弘文館、二〇一六年)が代表的である。このほか台湾所在の史料を利用した共同研究の成果として老川慶喜・須永徳武・谷ヶ城秀吉・立教大学経済学部編『植民地台湾の経済と社会』(日本経済評論社、二〇一一年)、須永徳武編著『植民地台湾の経済基盤と産業』(日本経済評論社、二〇一五年)などがある。経済のグローバル化や研究者の国際交流の進展も反映して、海外史料を利用した研究は近年の進展が著しい。

研究の進化

地方の資産家の積極的な活動と資金が産業発展に貢献したことは、一九九〇年代から注目されているが、地域の中での顔の見える関係を重視する中村尚史『地方からの産業革命――日本における企業勃興の原動力』(名古屋大学出版会、二〇一〇年)や、中西聡『資産家資本主義の生成――近代日本の資本市場と金融』(慶應義塾大学出版会、二〇一九年)は、史料調査による新たな実証を軸に、この問題を捉え直している。

これらの書名の用語にも注目したい。マルクス経済学批判の中で、特に数量経済史の研究によって経済成長率に革命的な変化は見いだせないとして、「産業革命」という用語を否定する傾向が一九九〇年代を中心に見られ、また「資本主義」もマルクス主義の用語であるとして、その使用を避ける傾向もあった。しかし、共にマルクス経済学の定義にとらわれることなく、その内容を具体的に議論する形で用語として復活してきている。現代が資本主義社会であることはいうまでもなく、また欧米の産業化が早かった国や日本では、二〇世紀初頭までに「産業革命」と言わざるを得ない産業構造の急激な変化を軸にした顕著な社会変動が生じた。その概念をどの範囲まで適用すべきかはそれぞれの地域の研究者の検討に俟つとして、その内容や他地域への影響の検討を深めつつ産業革命という用語を用いた研究や叙述がこれからもなされてゆくであろう。

大学での教職の繁忙さから解放された大家が、既発表論文を中心に研究成果をまとめた本も多く発表され、この十年に刊行された研究書の半分以上を占めるであろう。あらためて、行き届いた実証ぶりに驚かされ、また書下ろしの章や序章などに示されるしっかりとした展望に感心させられることも多い。特に、共に七〇〇頁を超える、千田武志『呉海軍工廠の形成』（錦正社、二〇一八年）と、長島修『官営八幡製鉄所論——国家資本の経営史』（日本経済評論社、二〇一二年）は、実証の厚みと研究対象について長年考え続けてきた故の多面的な視角とで豊かな歴史像を描き出し、傑出している。

研究視角の広がり

経済史研究の主な流れは、生産の研究から始まり、金融、流通へと対象が拡大し、近年は小売りや消費に関心が向いてきている。地方資産家の史料の共同研究に立脚したものとして中西聡・二谷智子『近代日本の消費と生活世界』（吉川弘文館、二〇一八年）があり、単著としては満薗勇

『日本型大衆消費社会への胎動――戦前期日本の通信販売と月賦販売』（東京大学出版会、二〇一四年）、また研究対象の中心は次の時代になるが末田智樹『日本百貨店業成立史――企業家の革新と経営組織の確立』（ミネルヴァ書房、二〇一〇年）をはじめとする百貨店研究などが代表的である。この分野への注目は、従来の研究の主たる対象が企業であったのに対し、人々の暮らし方に即したところから経済を見直すという、産業史から生活史への視点の転換を含んでいる。

金融でも個人向け金融に注目して郵便貯金や産業組合を扱った田中光『もう一つの金融システム――近代日本とマイクロクレジット』（名古屋大学出版会、二〇一八年）がある。個人の実感に即したところから経済を見なおすことは、経済学の動向の一つでもあろう。もっとも史料がまとまって得られるのは、比較的恵まれた暮らしをしている人々で、その状況はかなり現代的な感覚に通じるものがあるが、史料が得にくいめぐまれない人々のくらしや感覚はどうであったのか、ということは実証的にはとらえにくい。この点では研究書ではないが松沢裕作『生きづらい明治時代――不安と競争の時代』（岩波ジュニア新書、二〇一八年）が挑戦している。

新たな理論的視角として、一九九〇年代に始まる比較制度分析の視角では、中林真幸編『日本経済の長い近代化――統治と市場、そして組織1600～1970』（名古屋大学出版会、二〇一三年）が見られた。数量分析による実証と、取引を支える制度や企業の組織への注目を組み合わせ、近代経済学の用語で歴史事象を説明する点で、経済史の一つの方向性を示す。また、中村尚史・中林真幸責任編集『岩波講座日本経済の歴史　第三巻　近代1――一九世紀後半から第一次世界大戦前（一九一三）』（岩波書店、二〇一七年）は、中世から現代までの六巻を、成長とマクロ経済、政府の役割、所得と資産の分配、労働と人口、金融、農業と土地用益、鉱工業、商業とサービス、という同一の枠組みで描き、生産・物価・所得の推計を付す、数量経済史の研究蓄積や比較制度分析の成果も生かした、枠組みが先に立つ歴史叙述である。

比較制度分析は人々が単に経済原理によるのではなくそれぞれの社会の制度的制約の中で活動したことを重視する。一方、一九八〇年代の標準的日本経済史の著者は、石井寛治『日本の産業革命――日清・日露戦争から考える』（朝日選書、一九九七年）で、外交史や政治史との関連の中で産業革命の進展を描き、これを「全体史」と呼んだ。また、近年の日本経済史教科書の一つである沢井実・谷本雅之『日本経済史――近世から現代まで』（有斐閣、二〇一六年）は、「移行期における地域社会の形成」や「場としての地域社会」といった節を持ち、地域社会の制度やその変遷の中での経済活動を描いている。マルクス主義歴史学は経済史に限らず、それを中心にしながら歴史全体を分析し説明する枠組みであったから、その流れを汲む研究者が狭義の経済史の枠組みにとどまらない視野を持っていることは当然である。生産力の発展のみに歴史の発展の要因を帰するマルクス主義の枠組みが後退し、あらためて経済史と他の歴史分野とのつながりを実証的に捉え直そうという動きが活発になった。特に地域社会との関わりで研究が進展しており、この分野では経済史の研究と日本史の研究を区分することが難しく、またあまり意味がないように思われる。社会とのかかわりを重んじるところから社会経済史という言葉をあてはめたくもなるが、この言葉にも歴史的な使われ方の変化があり、私としてはふみきれない。

環境の視点

以上のような成果を見てくると、明治期の経済史の主要な分野での研究が、十分な実証を伴って、重厚に積み重ねられていることが感じられる。大規模な史料調査で新たな分野の史料を求め、あるいは維新期や消費といった史料の割に研究が薄い分野に若手が集中しがちなのは、このような研究史の厚さにもよろう。

しかし、視角が多様化する中で、現代社会の様々な問題から導き出される経済史の課題は多く、柔軟な頭をもつ若手にとっては、それを発揮する好機ともいえる。その一例は、言葉としては三〇年ほど前から繰返し聞かれながら、なかなかまとまった成果があらわれなかった、環境史の分野である。山口明日香『森林資源の環境経済史――近代日本の産業化と木材』（慶應義塾大学出版会、二〇一五年）は、明治から敗戦までの資源としての森林のありようや木材の消費を数量的に把握して、森林資源枯渇の道程をたどる一方、枕木、電柱、坑木などの消費状況に目を向け、新たな世界を切り開いた好例といえよう。

私は、近年文化財としての産業遺産の保存の仕事で富岡製糸場に行く機会が増えたが、そこでは繭を乾燥させる試みの遺産が積み重なっていることを教えられた。例えば、富岡製糸場で目立つ建物は東西二つの置繭所《おきまゆじょ》は、元来は繭を乾燥させる設備であったが、最初の二五年ほどでその役割を終え、その後は乾燥させた繭を貯蔵するだけの設備となった。棚に繭を並べ、窓を開けて風を通すという当初の乾燥法では繭が十分に乾燥しなかったからである。そして、その後、機械や火力を利用した様々な乾燥設備が設けられ、現在も昭和期の大型乾燥機と、明治以来の様々な種類の乾燥設備の地下遺構が残っている。

従来の製糸技術の研究では、工女たちが直接作業する繰り糸の工程に関心を集中していた。しかし、繭を適切に乾燥できるかどうかは、繭を保存して一年中製糸工場を操業することができるかどうか、工女たちが一年のどの程度を製糸工場で過ごすか、という重要な問題につながっている。

ヨーロッパでの繭の乾燥法（東京高等蚕糸学校西ヶ原同窓会『欧州蚕業写真帖』1916年）

富岡製糸場は当初から一年を通じて操業した。そのため繭の乾燥にはそれなりの手間をかけた。民間では長野県の工場は半年程度操業したが、他の多くの工場は一年間に三か月前後しか稼働していなかった。このことは平野綏《やすし》「明治中期における小規模器械製糸場の統計的分析——明治二七年製糸資本確立説への疑問」（『農業史研究』二一号）で、一九八八年に指摘されながら（『近代養蚕業の発展と組合製糸』東京大学出版会、一九九〇年所収）、それほど重視されてこなかった。明治前半の養蚕農家や長野以外の製糸工場では繭ができると、直ちに製糸にかかり、繭が傷む前に操業を終えたのである。労働者数が多いのも、労働時間が長いのも、夏を中心に短期間操業するためであった。

これに対して、器械製糸の母国であるフランスやイタリアは日本より湿度が低いので、繭を棚に並べ、窓を開けて風を通しておけば乾燥した。そこで、一年中操業する製糸工場を日本に定着させるには、独自に繭の乾燥技術を確立する必要があった。初期の器械製糸の中心地である諏訪をはじめとした長野県の一部は、日本では特異に繭が傷みにくい気候であった、そのため、一九世紀の間、器械製糸は諏訪を中心に発展するのである。このように、製糸業の歩みは自然環境に大きく左右されていた。科学技術が未発達であった明治時代の経済史で、環境への注目は多くの研究課題を生み出すであろう。

経済史のこれから

以上のようにここ一〇年に多くの研究成果が発表された。しかし、著書にまとめられている研究は長い研究期間を経てようやく形になるのが普通であり、大家が既発表論文をまとめた成果には三〇年以上の蓄積が反映されていることもめずらしくはない。一方で、経済史の雑誌は、投稿論文の少なさに苦しんでいる。それは、研究費を伴う共同研究の成果が本の形で刊行されるといった事情にもよるが、大学院生の減少と大学教員の繁忙化の影響によるところが大きいであろう。しかし、関係者の努力により、史料のデジタル化や公開も着実に進展している。従来からの三井文庫に加え、三菱史料館が継続的に複数の若手調査員を置いて、原史料に触れて研究する場を与えていることも、着実に成果を産んでいる。

マルクス経済学退潮後の経済史を見ると、伝統の中で培われてきた実証的な研究が、従来の枠を超えて展開し、日本経済史担当教員がこれらの新知見を含めて明治期経済史の再構築の試みを競い合って進めた、実り多い時代であったように思う。現在の経済学は一つの体系的な理論で、すべてが説明されると考えられているわけではない。そもそも経済社会をどうとらえればよいのか、という点では、常に新たなアイディアが求められる。過去を対象に柔軟な発想で新たな分析視角を提示することも、それを取り入れてその時代の経済社会の像をより説得的なものにしてゆくことも、経済学そのものの発展にとって大変有用なはずである。今後ますます歴史研究の重要性は増し、明治の経済史についても新たな知見が得られるものと思う。

最後に文学部日本史教員の立場から言えば、明治の歴史は経済活動と無縁に描くことはできない。経済学部の日本経済史に委ねて、経済を避けては明治史は理解できない。毎年の『史学雑誌』五月号は「回顧と展望」として前年の国内での歴史研究の成果を取りまとめているが、その日本近代の部は、政治、外交、経済を分けて節を立て、それぞれ別の担当者に依頼するのが常である。私はこの手法が歴史の見方を狭くしていると考え、自分が担当した二〇一二年の回顧と展望を、政治と経済を分けずに同じ担当者に書いてもらった。しかし、実際には同じ節の中で、政治史、経済史を分けて書かざるを得ず、残念ながらその試みは次回以降の担当者には引き継がれずに一回限りに終わっている。それでも、両者に目配りして歴史を描くことは、明治史研究にとって重要である。そして、それは経済学部における日本経済史の研究や教育にも有益であろう。

参考文献（近年刊行された日本経済史教科書）

杉山伸也『日本経済史　近世 - 現代』岩波書店、二〇一二年
中西聡編『日本経済の歴史――列島経済史入門』名古屋大学出版会、二〇一三年
市川大祐『歴史はくり返すか――近代日本経済史入門』日本経済評論社、二〇一五年
沢井実・谷本雅之『日本経済史――近世から現代まで』有斐閣、二〇一六年
石井里枝・橋口勝利『日本経済史』ミネルヴァ書房、二〇一七年
武田晴人『日本経済史』有斐閣、二〇一九年

コラム20　貨幣経済史研究の論点

小林延人

ルーツとしての両替商

両替商と聞いて、どのような業態を想像するだろうか。

近世期には、素材に注目すると金貨・銀貨・銭貨・紙幣、計算単位に注目すると金建て（両—分《ぶ》—朱）・銀建て（貫—匁《もんめ》—分《ふん》）・銭建て（貫—文《もん》）、発行主体に注目すると幕府鋳貨《ちゅうか》・藩札・寺社札・宿駅札、など多様な貨幣が流通していた。たとえば、幕府発行の鋳造貨幣には、天保二分判《てんぽうにぶばん》（金建ての金貨）や南鐐《なんりょう》二朱銀（金建ての銀貨）などがあり、藩札にも、銀札（銀建ての紙幣）や銭札（銭建ての紙幣）などがあった。店舗を構え、それぞれの貨幣の「両替」を行うことは、両替商の重要な業務であった。

ただし両替商は、そうした狭義の「両替」にとどまらず、遠隔地間の為替の取り組みや、利貸し業務、掛屋敷（貸家）経営なども兼帯することが一般的であった。とりわけ近世後期になると、経営規模の大きい両替商の中には、一般の町人に対する両替や利貸しをほとんど行わず、大名などと固定的な関係を築いて「館入《たちいり》」（大名に拝謁が叶う特権商人）となり、専ら大口の融資・送金を担う者もでてくる。業態としては、店先で接客をするというよりも、自家の応接間と大名屋敷を往来し、時には大名や藩役人らと茶道や生け花を嗜むなどして営業をかける。藩の年貢米や特産物を担保としつつ、藩が必要とする時期と場所に送金する。そうしたいわゆる「大名貸《だいみょうがし》」に特化した両替商として、たとえば、鴻池屋《こうのいけや》（山中）善右衛門や加島屋《かじまや》（廣岡）久右衛門らがいた。彼らは大坂でも一位二位を争う豪商として巨利を築いたとされる。

では近世期の両替商が、明治期にどのような活躍をしたのかというと、実はそれほど評価が定まっていない。かつては、幕末から維新期における両替商の没落と、それに起因する大坂金融市場の相対的な地位低下が論じられることが多かった。ところが、近年では、両替商の中にも維新期の動乱を乗り越えて、銀行の資本家になった事例が多いことを積極的に評価する研究も見られる（石井寛治『経済発展と両替商金融』有斐閣、二〇〇七年）。これは、近世期の商人と明治期の資本家との連続性に関わる歴史観の相違に基づくものと言えるが、個別実証的には、以下の四点について評価が分かれていることに起因する。

両替商経営に関わる四つの視角

①大名貸の収益性

大名と固定的な関係を築けば、必ず収益が増大したり経営が安定するというわけではない。近世期の債権債務関係は、現在とは異なり、十分に司法の保護下にあるわけではなかった。すなわち、大名の中には、債務を一方的に破棄し、元金・利息を今後支払わない「御断《ことわ》り」

を実行する者もおり、これに対して債権者である商人は、幕府司法の手続きに則って、損害賠償を請求することが難しかった。そのため、大名貸は危険な貸付であったと評価されることもある。ただし一方で、そうした大名貸に内在するリスクを抱えながらも、基本的に破産することのない大名に対する貸付は「安全な貸付」であるとする理解も見られる（安岡重明『財閥形成史の研究〔増補版〕』ミネルヴァ書房、一九九八年〔初版一九七〇年〕）。

②銀目廃止

一八六八（明治元）年、維新政府は銀建て貨幣（丁銀《ちょうぎん》・豆板銀《まめいたぎん》）の通用、および銀建ての貸借を禁止する銀目《ぎんめ》廃止令を出した。その結果、銀目手形の振出主体である両替商に取り付けが殺到したため、京坂の両替商は閉店・破産が相次いだと言われている。ただし、この時の閉店のすべてが銀目廃止によるものではなく、一部は、戊辰戦争に乗じた官軍の「分捕り」や（石井二〇〇七年）、戦火を避ける疎開によるものもあった（小林延人『明治維新期の貨幣経済』東京大学出版会、二〇一五年）。

③両替商業務の消失・縮小

一八七一（明治四）年の新貨条例で円が創出されると、日本の貨幣制度は政府発行の円建て貨幣に次第に統一されていく。その結果、個々の貨幣の両替業務は縮小していった。加えて、同年に廃藩置県が断行されると、藩はなくなり、大名貸という業務自体が存立し得なくなる。こうした両替商業務の消失・縮小は経営上の制約となったと考えられる。ただし、開港以降、日本が国際市場に包摂される中で、国内貨幣と外国貨幣（特に洋銀）との両替業務が発生し、また明治期に新設された府・県との関係性を築いて、いわゆる「府県為替方《かわせかた》」として収税業務や出納業務を担うという新たな事業展開も可能となった。

④藩債処分

廃藩置県はまた、旧大名に対する債権をどう再定義するのか、という点で大きな問題を惹起した。維新政府は、一八七三（明治六）年の新旧公債証書発行条例に基づき、藩債の一部を政府の債務として引き受け、旧公債・新公債を発行した。この過程で、一八四三（天保一四）年以前の債権は「古債」として切り捨てられることとなった。債権切り捨ての側面を重視するのであれば、藩債処分が両替商による近代的資本家への転身を妨げたという理解になるが（千田稔「藩債処分と商人・農民・旧領主——藩債取捨政策に限定して」『社会経済史学』第四五巻第六号、一九八〇年）、一方で、維新政府が旧統治機構の債務を、部分的にではあれ継承した点を評価することもできよう。

両替商から銀行へ

さきに述べた鴻池屋善右衛門と加島屋久右衛門は、それぞれ第十三国立銀行（一八七七年、のち鴻池銀行）、加島銀行（一八八八年）を設立した。後者は、NHK連続テレビ小説「あさが来た」（二〇一五年）に出てくる「加野屋（白岡家）」のモデルとしても有名である。

変革は、既存の業務を縮小・消失させる一方で、新たな業務を創出する可能性をもつ。維新期を乗り切った商人は、両替商業務のリスクヘッジを行いながらも変革に対応できたという点で卓越していた。その可否を分けた要因は何か、事例に即したさらなる検討が必要であろう。

コラム21 地方制度史研究の論点

渡邉直子

地方制度史研究の来歴

地方制度史研究は、単に地方のことを調べる研究ではなく、全国にわたる統治システムがどのようにしてできていったのか、それを描き出そうとしてきた研究である。

一九六〇年代の地方制度史研究は、統治システムができていく過程を「このような法が出された」というように静的には捉えず、統治する「官」（それは法の規定であったり、官僚制であったり、地方官の統治であったりするのだが）と、「民」がぶつかり合い、「民」は「官」に対抗しつつも、やがて統治システムに取り込まれていくものとして描いた。例えば大石嘉一郎氏は、府県会（一八七八年設置）で豪農民権家が活動すると、政府はそれを弾圧しながら懐柔し、次に町村レベルにおいて町村合併をして行政村を作り（一八八九年）、そこを寄生地主に転化した豪農名望家に統括させた、これによって統治システムは下支えされたと説明する。近代地方制度は「官治的」、中央集権的である。このように描く。

しかし、この統治像は、実態が裏切る。石川一三夫《ひさお》氏は、豪農が町村長や助役などの無給の名誉職を忌避したため、政府が期待する名望家統治が行われず、制度が骨抜きにされていったと指摘する。有泉貞夫氏は、土木、教育などの地域の利益欲求が地方の政治状況を形成し、国からの補助金獲得をめぐって中央政局にまで影響を及ぼすことを明治期山梨県を事例に生き生きと描いたが、有泉氏は、その叙述にあたって、従来の地方制度史研究による「地方自治制の統合機能」像を一旦「保留」するとした。そのような像とは違う次元で政治が動いていたという理解を提示したのである。

社会の中における統治システム像を描こうとする研究の一方で、そもそも、どのような制度が政府内で作られていったのかを明らかにしようという、法の立案過程に着目した研究もある。これらの研究によると、一八七八年の三新法は、「地方（府県）分権」を意図するものであり、一八八八年の市制町村制と一八九〇年の府県制郡制（あわせて「地方自治制」とよばれる）も、地方分権と自治の原理に基づいている。

地方自治制では、町村に自治を付与することに政府内に異論はなかったが、府県制については、原案は府県会の権限が大きく、府県会が府県を代表するかのような制度になっているとの批判もあり、曲折があって、その部分は変更された。しかし、それでも、複選制、大地主議員制を通じて、財産と知識のある人物を選び出し、彼らに自治行政の経験を積ませ、その上で代議士にならせることによって立憲制の基礎を固めようという意味の「自治制」は制度として導入された（坂井雄吉氏、山田公平氏、居石《おりいし》正和氏）。

また、これらの研究の中で、明治憲法草案に地方制度についての条文があったのが、途中で消えてしまうという事実が指摘されている。国制をめぐる政治史の議論と繋がり得るだろう。このように研究は深まっており、近年は、時代を下って一八九九年の府県制郡制改正についても立案過程の研究が進められている（飯塚一幸氏）。

地方制度史研究の展望

その後も地方制度史研究は、なおも国家の統治システム、さらには社会の編成原理を模索する。一九八〇年代における近世後期の村落研究の中で、領主支配とは別の次元で展開する地域結合に、近代（市民）社会を形成するはずの「民」が見出されたが、この「民」が地方制度に組み込まれたか否かが議論される（奥村弘氏）。この議論は近世社会と近代社会との連続もしくは変容を意識した議論となるが、このような研究は、松沢裕作氏があえて意識的に主張しているように、近代国家を理解するための「方法」としてある。共同体、身分制、市民社会、国民国家、そういったものを理解するために「地域社会研究」という「方法」をとろうというのである。地域の細かな実態を調べながら、背後に大きな統治システム、社会編成をイメージする。だが、それだけに、そのイメージは他分野の研究者には理解しづらいものとなっている。

もし、統治システムを描き出したいと欲するなら、可視化しやすいのは、お金の流れ、すなわち財政システムであろう。明治日本の中央・地方の財政は、現代ほどではないにしても、一つの費目に対して国―府県―市町村で重層的に負担する構造を持っている。国が推進する事業である土木、教育、衛生などについても地方負担で賄われることが多く、これらの業務は戸籍、徴税、徴兵などの業務とあわせて、「国政委任事務」と歴史学上よばれる（明治期の史料上に出てくる言葉ではない）。その表現には、それらは国家事業であり、地方に負担させるのは「国家から地方への負担の転嫁」であるという意味が含まれている。

この国政委任事務を強制されているところが、明治日本の地方自治が「官治的」であるといわれる所以である。しかし、これらの費用は国庫から支弁すべきものなのかどうか、つまり国税を増徴して一旦国庫に集め、そしてそれを地方に分配する方がよいというのか？　あるいは、また、そのような国税増徴は当時可能だったのか？　――そういった視点から考えてみる必要があるのではないだろうか。

地方制度史研究は、自らの分野の中で、国家の統治システム、社会の編成原理を描こうとしてきた。しかし、もっとシンプルに、例えば土木、教育、衛生などの公共的な費用の負担関係を明らかにすることで、有泉氏の描くような政治史をはじめとする、さまざまな歴史研究への制度的な前提を提示し、研究の「ものさし」となるのも、十分に意義あることといえるだろう。

コラム22　交通史研究の論点

高嶋修一

歴史学の中の交通史

歴史学的な観点から「交通」を論じる際に一度は目を通すべき文献は、東島《ひがしじま》誠「交通の自由、思想の運輸」(『東京大学日本史学研究室紀要』第五号、二〇〇一年)である。これによれば「交通」という言葉はもともと人と人とが関係を切り結ぶことを指す「交通する」という動詞形で用いられ、英語で言えばcommunicationに近い意味の言葉であった。それが明治期に入って次第に名詞形で用いられるようになり、その内容も人や物の移動を指すtransportに近づいていったのであるという。この論文で東島は、「交通」を考えるに際して人と人との関係のあり方、つまり社会の仕組みを視野に収めることが重要であると主張する。言い換えれば、単に鉄道や汽船や自動車などといった交通手段の時間的変遷を叙述するだけでは歴史学としての普遍性を確保できないということであろう。

近代交通史の研究は、経済学の一環として一九四〇年代から行われてきた。大島藤太郎・島恭彦・富永祐治・中西健一といった人びとによる鉄道政策や鉄道経営に関する研究がそれにあたり、日本資本主義の性格規定を目指すという関心を共有していた。しかし、これらは一九六〇〜七〇年代以降に歴史研究全体の関心が多様化するなかで「古典」に昇華した。

近代交通史研究にとって画期となったのは一九八三年の鉄道史学会の設立であった。このように対象に即した学会の設立は、歴史研究の多様化という当時の新潮流の帰結のひとつであった。同会には政治史・経済史・文化史・技術史など様々な立場の会員が集い、年に一回発行される機関誌『鉄道史学』には方法論的にも多様な論文が収録されることとなった。また、一九七五年に交通史研究会として設立された交通史学会は当初、近世史を主要な対象としていたが、近年は近代史をも積極的に取り上げている。同会は年に三回、『交通史研究』を発行しており、これらが交通史研究の二大専門誌であると言える。

経済史分析の活発化

鉄道史学会設立時における研究の到達点を示すのが、野田正穂・青木栄一・原田勝正・老川慶喜編著『日本の鉄道——成立と展開』（日本経済評論社、一九八六年）という通史である。編著者のうち、野田は『日本証券市場成立史』（有斐閣、一九八〇年）において経済史の立場から企業勃興期の鉄道会社設立に証券市場の原初的な生成を見出していた。青木は地理学の立場から地域交通史の実証研究を重ねていた（のち青木『交通地理学の方法と展開』古今書院、二〇〇八年など）。『日本国有鉄道百年史』の編纂にも携わっていた原田の出自は政治史であったが『汽車・電車の社会史』（講談社現代新書、一九八三年。のち増補で『汽車から電車へ——社会史的観察』日本経済評論社、一九九五年）のように当時の社会史研究とも共鳴する多様な論点を取り入れていた。老川は、経済史の立場から物や人の流れが交通体系の「近代化」によってどのように再編されたのかをめぐる実証研究を重ね、『明治期地方鉄道史研究』（日本経済評論社、一九八三年）をまとめた。また、道路や水運をも扱った通史としては山本弘文編『交通・運輸の発達と技術革新——歴史的考察』（東京大学出版会、一九八六年）がある。

一方、一九八〇年代から九〇年代にかけては高村直助らのグループによる明治史研究の一環として交通現象や交通業を扱う論文が多く発表された。高村直助編著『道と川の近代』（山川出版社、一九九六年）は、交通の近代化論にとどまらない多様な論点を打ち出すことに成功している。同じく高村編著『明治の産業発展と社会資本』（ミネルヴァ書房、一九九七年）も、交通を扱った論考が多い。このメンバーでとりわけ交通史を中心に研究を進めた小風秀雅による『帝国主義下の日本海運——国際競争と対外自立』（山川出版社、一九九五年）は、日本近代海運業の生成から対外的な自立までを描いた、産業史としての海運業史である。鉄道史においては、幹線鉄道の建設と運営を扱った中村尚史『日本鉄道業の形成——一八六九～一八九四』（日本経済評論社、一九九八年）が、経営史的視点を取り入れたこと、地域社会との関係を論じたこと、の二点を特徴とし、以後の研究に影響を与えた。

他にも様々な研究があるが、結果的に見れば、この時期の交通史研究でもっとも活発だったのは経済史分析であった。

政治史・社会史の展開

二〇〇〇年代以降においても経済史分析は引き続き多くの研究者によって継続されているが、政治史および社会史的分析において再び交通が盛んに取り上げられるようになった点に新しさがある。松下孝昭『近代日本の鉄道政策　1890〜1922年』（日本経済評論社、二〇〇四年）は、かつて活発に議論された鉄道政策史に再び光をあてた。政治史において鉄道の建設は、三谷太一郎『増補　日本政党政治の形成――原敬の政治指導の展開』（東京大学出版会、一九九五年）に示されたように政党による「地方利益誘導」の手段と位置づけられてきたが、松下著は政党政治が本格化する以前においてはそうした見方が妥当でないことを示した。稲吉晃『海港の政治史――明治から戦後へ』（名古屋大学出版会、二〇一四年）は港湾整備に関わった様々なアクターの動きと相克を描いた研究であるが、やはり地方利益誘導論を相対化しようとする試みであると位置づけることができる。社会史においては、平山昇『初詣の社会史――鉄道が生んだ娯楽とナショナリズム』（東京大学出版会、二〇一五年）が、初詣という風習が鉄道の普及とともに「作られた伝統」であることを示した。鉄道史を社会史的に分析する動きは、観光史とも共鳴しながら活発化しつつある。

また、近年は「明治」という時期区分が後景化していることも一つの特徴である。交通史研究全体としては両大戦間期以降の「現代」に着目する研究が増加しており、そうした理解において明治期は「近代」とほぼ同義となるが、元号へのこだわりは総じて希薄である。

第七章　宗教史研究——最前線の再構築

山口輝臣

最新と最前線——はじめに

歴史学界の主要誌のひとつに『史学雑誌』がある。同誌の第五号は、例年「回顧と展望」という特別号である。歴史学の動向を俯瞰できるよう、前年の日本における歴史学界の成果と課題を検討することを目的に、論文や著書を採り上げ、その内容を紹介し、若干の批評を加える企画である。

たまたま私は、最新の「回顧と展望」で「日本近現代史」の責任者を務めた。総勢一八名でチームを組み、「日本近現代史」を分担した。一人当たり平均で著書二九冊・論文八二本ほどを読まねばならないなど、文字通り担当者の犠牲的精神によって支えられてきたのが、この「回顧と展望」である（『史学雑誌』一二八—五、二〇一九年）。

今回の担当を機に、私は過去の「回顧と展望」を読んでみた。いくつかの発見があったが、なかでも印象的だったのは、そこで特筆大書された業績がいまでは見向きもされないものとなっていたり、あるいは逆に、今日の研究の基盤となっている仕事がごく軽くしか扱われていなかったりといったことが、しばしばあることだった。研究とはそんなものだと言ってしまえば、それまでかもしれない。ただこのことは、最新の研究を列ねればその後の展開が見通せるものではないということ、すなわち「回顧」から「展望」を導くのは容易でないことを示すものだろう。それを、最新と最前線とは違う、と言い換えてもよい。

研究の最前線とはなんであるのか？　最前線という言葉は軍事用語に由来し、戦線のいちばん先頭、敵に最も近いところのことを指す。この原義が示唆的なのは、戦線という線が実際の戦場に引かれているわけではないという、当たり前のことを思い出させてくれることである。戦線とは仮想の線である。ある視点に立ち、なんらかの方向性を見出すことで、はじめて見えてくる線である。そこにはある視点が必ず要る。

研究についても同じであろう。たくさんの研究者がさまざまに遂行する無数の研究のなかに、ある視点に基づいてなんらかの線を想定することで、はじめて最前線が見出される。つまり最前線と認定する視点が欠かせない。最前線は研究者による論文や著書などがつくるものであるが、一方でそれらを最前線と認定する視点が必要であり、それもまた研究者がつくる。

本章では、このうち後者を私が担当することで、明治史における宗教史研究の最前線を見ていく。そのため、すでに述べたように、これはあくまでも私の眼に映じた最前線であり、ほかの研究者が整理すれば、当然これとは異なるものになる。そのことを恐れずに、現時点での私見を述べてみたい。

最前線に繰り出す前に——後方の確認

いきなり最前線の話をするのではなく、後方の確認、すなわち基礎的知識のおさらいをしておく方がよいだろう。というのは、以下では行論の都合上、どうしても従来の知見をもとに、それ以降の動向を議論することになる。だが、そもそも明治時代の宗教について、どの程度の知識が共有されているのか、大いなる不安がある。

たとえば大学の経済学部では、高校レベルを超えた日本経済史の授業が数多く開講されている。そのための教科書も多く、それらにおいて、明治時代の経済発展は中心的テーマのひとつである。よって経済史では、それらを起点に明治史の最前線を描くことができる。

しかし宗教史にはそうした環境が整っていない。日本宗教史の授業は、一部の宗教系大学以外では稀な科目であり、そのこともあって、教科書類も少なく、あったとしてもそこでの明治時代の扱いは小さい。こうしたこともあり、ここでは、やや後方に退き過ぎとの気もするが、高等学校の代表的な日本史教科書(『詳説日本史B改訂版』山川出版社、二〇一九年)の記述によって、前提となる知識の確認をしておきたい。

関連する記述は主に二箇所でなされている。一つ目は「文明開化」という項にある。

明治維新の変革は、宗教界にも大きな変動を引きおこした。一八六八（明治元）年、政府は王政復古による祭政一致の立場から、古代以来の神仏習合を禁じて神道を国教とする方針を打ち出した（**神仏分離令**）。そのため全国にわたって一時**廃仏毀釈**の嵐が吹き荒れたが、これは仏教界の覚醒をうながすことにもなった。政府は一八七〇（明治三）年に**大教宣布《たいきょうせんぷ》の詔《みことのり》**を発し、また神社制度・祝祭日などを制定し、神道を中心に国民教化をめざした。

キリスト教に対しては、新政府は旧幕府同様の禁教政策を継続し、長崎の浦上や五島列島の隠れキリシタンが迫害を受けた。しかし、列国の強い抗議を受け、一八七三（明治六）年、ようやくキリスト教禁止の高札が撤廃され、キリスト教は黙認された。

これを機会に、幕末から教育や医療などの事業をおこなっていた新旧各派の宣教師は、日本人に対する布教活動を積極的に開始した。

もう一箇所は、「近代文化の発達」のうち「思想と信教」という項にある（傍線部、引用者）。

宗教界では、伝統的な神道や仏教と西洋から流入したキリスト教との対立・競合がみられた。明治初年の神道国教化の試みは失敗したが、政府の公認を受けた民間の**教派神道**はさらに庶民のあいだに浸透していった。**廃仏毀釈**で一時は大きな打撃を受けた仏教も、仏教の神道からの完全な分離を進めた島地黙雷らの努力で、まもなく立ちなおった。

明治初期に来日したクラーク、ジェーンズらの外国人教師の強い影響もあって、青年知識人のあいだにキリスト教信仰が広がり、内村鑑三・海老名弾正・新渡戸稲造らはのちにキリスト教や西洋近代思想の啓蒙家として活躍するようになった。キリスト教会は布教のかたわら、人道主義の立場から教育・福祉活動や**廃娼運動**などに成果を上げたが、国家主義の風潮が高まるとさまざまな圧迫を受けるようになった。

注は省略したが、以上が、日本史の教科書における明治期の宗教に関する記述のほぼすべてである。記憶を甦らせる一助として、あえて引用でもゴチックを残してみたが、いかがだろう。

最前線に繰り出す前に——後方の特徴

関連する記述を集めてみると、思ったより分量のあることに気づく。合わせるとおよそ教科書の一頁分となり、「地租改正」とほぼ同じで、「鎌倉仏教」の四〇%ほどに当たる。分量が重要度を示すとは限らないが、一つの指標にはなるかもしれない。

つぎに内容面であるが、特徴的なのは、傍線部に明記されているように、日本／西洋、伝統／近代、神道・仏教／キリスト教という二項対立に沿って全体が整理されていることである。もっとも、これは宗教に特有のことではなく、宗教史にも共有された教科書全体の近代史に関する枠組みである。

そうした枠組みのもと、明治維新期には、政府が祭政一致を掲げて神仏分離令を出したことにより、廃仏毀釈などの混乱が起きたが、その後はキリスト教も黙認され、信教の自由がほぼ実現していく、という変遷が描かれる。「憲法の制定」の項に、大日本帝国憲法で信教の自由が認められたとの記述があり、そちらと合わせると、その筋はより明確になる。

要するに、信教の自由を軸とすることで、西洋由来の近代的価値の実現という教科書の近代史像の宗教版を描いたものである。

しかしながら宗教については、一筋縄でいかぬところがある。先ほどの二項対立によれば西洋・近代・キリスト教はワンセットになりそうだが、日本では、西洋化や近代化——それがなにかという問題には立ち入らない——と同程度にキリスト教化が進むことはなかった。このことはどう考えるべきなのか？　またこれとも関連してくるが、近代化と宗教との連関について、近代化とともに宗教の役割は減少し世俗化していくという考え方がある。いわば通俗化した世俗化論ともいうべき見解である。こうした論点を踏まえると、教科書の記述は、それらとの関係を突き詰めて考えてはいないという点で、やや茫漠とした像と言えるかもしれない。しかし、あるいはそれ故に、多くの人の常識と合う像でもあるのだろう。

最前線に繰り出す前に——後方の来歴

こうした像の由来を説明するのは本章の主眼ではないが、明治時代からすでにそのような見方はあり、その延長上に、遅くとも一九六〇年代にはほぼ確立したものと考えられる。

これについてまず指摘しておかねばならないことは、宗教史という分野の自律性の高さである。宗教史の研究は、宗教という明瞭かつ安定し、かつ政治や経済とは異なる研究対象があるとされてきたことから、ほかの歴史学の諸分野と切り結ぶことが少なかった。また近代の宗教を専門とする研究者は少なく、しかも自らの宗教・宗派・教派について、その信者が研究をするといったものが大半だった。そのためどうしても護教的になりがちであるなど、質量ともに大きな問題を有していた。

ただしこれらとは毛色の違う研究もあった。マルクス主義の影響下にあったいわゆる戦後史学の潮流は、本領とは言い難い宗教史にも及んだからである。そうした立場から近代の宗教史について多くの業績を残した人物に村上重良がいる。村上は、『国家神道』(岩波新書、一九七〇年)などにおいて、戦前の日本は国家神道を国教とした宗教国家であり、それ以外の諸宗教——仏教、キリスト教、教派神道など——はすべて国家神道に従属していたとする説を展開した。

両者は立脚点を大幅に異にするが、興味深いことに、神道史など一部の分野を除くと、基本的には相互に依存する関係にあった。たとえば、仏教史の専門家は仏教については詳しく検討するが、それ以外については村上説に依拠する。村上説によれば従属下にあった存在など研究する意味があるのかという疑義も生じるが、そこは信仰で切り抜ける。一方、村上は、自説が取り込まれたそうした個別の研究を養分に、自説を正当化していった。

こうした動向を、一九六〇年代におおよそ研究分野として確立した日本近代史は、冷ややかに眺めていた。その頃、日本近代史の研究者たちは、ほとんどが政治史か経済史に従事していた。近代の宗教は前近代の宗教ほど重要ではない。鎌倉時代の仏教は重要かもしれないが、明治時代の仏教を研究する意味はない——そのような考えを持ち、それを前提に政治や経済を研究対象に選び取った人びとだった。こうした人びとが日本史の教科書をつくった結果が先の記述である。そう考えると、いろいろと合点が行くことだろう。

最前線に繰り出す前に——後方の弱点

ただしこの像には気になるところもある。日本／西洋、伝統／近代、神道・仏教／キリスト教という二項対立の問題もそのひとつだが、そうした大枠ではなく、もう少し宗教に限定したところでどうしても気になるのは、明治の宗教史に関するおそらくもっとも素朴な問い、すなわち明治時代を生きた人びとにとって、宗教はどのようなものだったのか、に答えられているようには思えぬ点である。

「廃仏毀釈の嵐が吹き荒れた」が、それで仏教が滅ぶことはなかった。「キリスト教の布教活動が盛んにな」ったが、キリスト教徒は少数派にとどまった。「教派神道が庶民に浸透した」とあるが、庶民がおしなべて教派神道を奉じたわけではない。そうした変化があったのは確かだし、歴史学がそこに着目するのも当然であろう。ただここでの記述は、新たなことの例示にとどまっており、例示に当てはまらない多くの国民にとって、宗教とはどんなものであったかを、そこから読み取るのは無理だろう。たとえて言えば、牛鍋の流行で明治の食を語るようなものである。さすがに当時は毎日牛鍋を食っていたと思う人は少ないだろうが、ではなにをどう食べていたかと尋ねられても、そのヒントすらない。国民多数の日常という、教科書が主たる対象としているはずのものが見えてこない。

しかしだからと言って、いろいろあったが、結局は江戸時代までと変わらなかったと想像してしまうと、致命的に近い誤りとなる。たとえば明治憲法下において、神社は、大は伊勢の神宮から小はそこらのお稲荷さんまで、すべて宗教ではないものと、行政上は扱われていた。読者のなかにもこのこと自体を知らなかった方もいるはずで、教科書がその点に触れていないことも問題ではあるが、ここでは、それが、神社本庁が宗教法人として存在している戦後とも、そして後述するように江戸時代とも違うひとつの時代であったことに注意しておきたい。明治になってなにもかも変わったわけではないが、なにも変わらなかったわけではない。しかしなにがどう変わったのかは与えられた記述だけでは分からない。後方の像には、こうした弱みが含まれている。

最前線へ——宗教という前提の動揺

ここらで最前線へ繰り出そう。教科書のような像ができて以降、宗教に関する人びとの感覚は、少なくとも二度は大きな変化に見舞われた。

まずはいわゆる「宗教ブーム」である。本当に宗教のブームであったのかは頗る疑問であるが、ポスト学生運動期ともいうべき一九七〇年代以降、とりわけ一九八〇〜九〇年代には、超能力者を称するユリ・ゲラーのスプーン曲げが一世を風靡し、一九九九年には人類が滅亡するとの五島勉『ノストラダムスの大予言』(祥伝社、一九七三年)が大ベストセラーになるなど、精神世界やオカルトなるものが流行した。しかもこうしたなか、冷戦体制が崩壊すると、各地の民族紛争や旧社会主義圏の動向に、宗教の復興現象を見出す研究者が増えていく。その結果、先の述べた世俗化論への懐疑が膨らみ、宗教の重要性を声高に唱えるような研究者も増えてきた。負のイメージがつきまといがちな新興宗教に代わり、新宗教という言い方が広まったのも、こうした動きと関係がある。

そうした環境のなかから、オウム真理教の教祖・麻原彰晃が出現し、一連のオウム真理教事件、なかでも一九九五年三月二〇日の地下鉄サリン事件によって、宗教への宥和的な雰囲気に終止符を打った。これにより、人びとの宗教に対するまなざしは劇的に変わった。新宗教の一部などをカルトと呼ぶようになったのは、ほぼこれ以降のことである。

宗教研究は、当然のことながら、この衝撃をもろに受けた。そのなかで生まれてきた事柄はいくつかあるが、とりわけ重要なのは、宗教という考え方そのものへの再検討が一気に進んだことであろう。

そのような動向そのものはもっと前からあった。しかしオウム真理教事件に際して、宗教学者の議論がほかとは明確に異なる特徴を有し、しかもそれが世間にあまり受け容れられなかったように見えたことが、省察を本格化したのは間違いない。個人的な話をすれば、私は、事件当時の宗教学者たちの語り方に違和感を覚え、その由来を歴史的に明らかにしようと調べていくうちに、「宗教の再検討」とでもいうべきところに足を踏み入れることになった（「宗教の語り方」『年報・近代日本研究』一八、山川出版社、一九九六年。分割・再構成して『明治国家と宗教』（東京大学出版会、一九九九年に収録）。似たような回路をたどったのであろう、同様の研究を実践した人びとは数多くいた。そのことは、磯前順一『近代日本の宗教言説とその系譜――宗教・国家・神道』（岩波書店、二〇〇三年）、島薗進・鶴岡賀雄編『〈宗教〉再考』（ぺりかん社、二〇〇四年）、星野靖二『近代日本の宗教概念――宗教者の言葉と近代』（有志舎、二〇一二年）などの書名を見ただけで、一目瞭然であろう。こうした研究者たちをゆるやかに包んでいたのはポスト・モダニズム的発想であった。いうなればこれは宗教研究における言語論的転回である。そして日本における「宗教の再検討」における主要な舞台は、明治であった。

最前線へ――「宗教の再検討」がもたらしたもの

これらの諸研究にはどのような成果があったのだろうか。明治史に関わるところに限定してではあるが、ほぼ合意が形成されていると思われる点から述べていこう。

まず、宗教という語彙は幕末以前の日本語には存在しなかった。より具体的に言うと、宗教というのは西洋語の**religion**などに由来し、その訳語として成立した言葉であった。そして**religion**という考え方に触れた明治時代の人たちが、日本においてそれに当たりそうなものを、現在や過去のなかに見出していくことで、宗教という考え方は定着していった。つまり宗教とは普遍的な存在であり、いつでもどこにでもあるという考え方自体、日本では明治以降の歴史のなかでつくられた。言い換えれば、明治日本には、そうした宗教が発見され、創出された過程があった。このことは、とりもなおさず、その時期の日本では、宗教とそれ以外との区分が可変的であったことを意味する。

しかしここから先になると、見解の相違も少なくない。たとえば、宗教をこのようなものとして理解した場合、明治以前の宗教を語ることができるのか？　できないとか抑制しようという立場もあれば、個別に宗教を定義すれば問題ないとの考えもある。また、明治期の宗教という概念が浮動的であったのならば、神社が宗教とされなかったことなども当然このことと関連づけて理解すべきだと私などは考えるし、現にそうした議論をしてきた。しかしその点にはなぜか立ち入らないという不思議な自主規制をしている研究者もいるように見える。

以上のように、「宗教の再検討」は、宗教についてこれまで前提とされてきた考え方とは、大きく異なる見方を対置した。素朴に宗教の普遍性を語り、それによって宗教研究を意義づけてきたような態度への根源的な批判であり、今後はこれを無視して研究することはできない、と私自身は考えている。しかしながら、こうした動向も善いことづくめではない。

まずは学史への退避ともいうべき傾向が見受けられる。もっともこれは宗教研究だけの傾向ではない。概念とか考え方とかを重視すると、どうしても知識人の議論が重要になりがちであり、学史が重視されていくためである。これは、研究者が過去の時代における自分のような存在について研究しているということであり、内輪ネタに内向しただけで、その研究はますます社会と隔絶していくのではないかとの危惧が拭えない。

また宗教研究を自明視する傾向も強化されたのではないか。最近の研究を見ていると、宗教は大切だからという、かつての研究の意義づけを批判しながらも、結局のところ、宗教研究は大切だからと研究の二文字を加えただけにとどまり、「宗教の再検討」が内包していたはずの自らの研究対象への懐疑など、どこかに消えてしまったかのような感覚に襲われる時がある。

こうした面を否定的に捉えれば、「宗教の再検討」などといっても、見方を少しばかり変えただけで、明治宗教史の研究にさほど影響はなかったということになってきかねない。

最前線へ——内部からの突破①新宗教と国家神道

「宗教の再検討」と並行して、しかしそれとは必ずしも連動しない諸研究の進展も著しい。以下では、紙幅の都合もあり、とくに大きな成果があったと思われる四つの領域、すなわち新宗教、国家神道、超域系、近代仏教について、明治史との関わりを中心に見ていこう。

新宗教研究は、いまもっとも活動的な宗教現象の解明を目指し、とくに一九七〇年代以降、主に宗教社会学者によって展開された。その際に、新興宗教や民衆宗教といった用語に代わり、より価値中立的なものとして選択されたのが新宗教である。研究成果の中心は同時代についてだが、明治史との関連でいうと、新宗教の系譜を明らかにすることで、民衆宗教はその一部と位置づけられることを示すとともに、それが国家に対抗する存在であったという理解が一面的すぎることを明らかにした点が重要であろう。これにより、国家神道対民衆宗教という村上重良の図式は崩壊した。数多くの研究があるが、井上順孝・対馬路人・西山茂・孝本貢・中牧弘允編『新宗教事典』(弘文堂、一九九〇年)あたりから入るのがよいだろう。

国家神道史研究は、とりわけ一九九〇年代以降、国学院大学を中心に劇的に進んだ。国家神道とは、直接的には占領下の一九四五年に発せられた神道指令に基づく概念で、戦前において、教派神道とは異なり、宗教ではないとされた神道のことである。その後、先述した村上重良らによって、これに独自の意味を付与した形の国家神道論が登場してきた。こうした状況に対し、戦前の神社は国家管理のもとに置かれ、その関係で公文書のなかに残った数多くの史料を活用することで、精緻な制度史研究を展開し、そうした国家神道論を批判していった。これにより、国家神道がその他の宗教の上に屹立していたというかつて一部で行われていた説は崩壊した。代表的な研究に、阪本是丸『国家神道形成過程の研究』(岩波書店、一九九四年)があり、その門下生によって多くの業績が積み上げられている。

最前線へ——内部からの突破②超域系と近代仏教

超域系の研究もある。ここで仮に超域と呼んだのは、既存の研究領域を意図的に超えていこうとする諸研究のことである。超える領域は宗教でも国境でもなんでもよい。そうしたものを超えた人や団体などの動きに着目することで、既存の研究では見えてきにくかったものを見やすくする。たとえば、仏教とキリスト教の相互交流とか、帝国日本における内地と外地の宗教政策の連関などである。そのため、既存の学説を分かりやすく否定するといったものではないが、それをより的確なものへとしていく効果を持つ。こうした研究は、二〇〇〇年前後以降、本格化した。カテゴライズの関係上、どこかに中心があるといったことはなく、代表作を挙げるのは難しいが、筆者も参加したことから、小川原正道編『近代日本の仏教者——アジア体験と思想の変容』（慶應義塾大学出版会、二〇一〇年）を挙げておこう。

さらに同じ頃、近代仏教史研究が活性化した。仏教史は中世史が花形で、前にも述べた通り、近代史は大幅に立ち遅れていた。それがここにきてにわかに隆盛に赴く。「近代仏教」という議論の多い概念にあえて向き合ったことが、かえって良かったのかもしれない。これまでの成果を概観できるものとして、大谷栄一・吉永進一・近藤俊太郎編『近代仏教スタディーズ——仏教からみたもうひとつの近代』（法藏館、二〇一六年）がある。国民の多数派への接近という点で仏教は重要であり、新たな地平を切り拓くことが期待される。

明治史における宗教史研究はどう変わったのか？

「宗教の再検討」とそれ以外の諸研究による内部突破で、明治史における宗教史研究はいかに変化したのか？　個別に見るとそう大きくない変化でも、それらを上手に接合することで、明治期の宗教についての理解は大きく変わってくる。いくつか例示してみよう。

まず、明治維新期の祭政一致・神仏分離・廃仏毀釈こそが決定的だと考える見方は、いまや明らかに過大評価となった。神仏対抗を軸とする一国史的枠組みからすればそうした見方も成り立つが、それはかつてあった明治維新決定論の宗教版であろう。神仏分離やそれの対とされる神仏習合についても、さまざまな検討が進んでおり、今後はより慎重にその影響力を計測していく必要がある。

ましてや、維新期の単純な延長線上にその後の明治宗教史が展開したという見方になると、もはや明らかな誤りである。いまや多くの研究者のあいだで、明治時代を単線的に理解することは誤りであるという認識が共有されており、私自身は、維新期・明治国家形成期・展開期ぐらいには分ける必要があり、それによって理解も捗ると考えている。維新期と昭和戦前期を直結させるような議論などは言語道断である。

このように言うと、維新でなにも変わらなかったと主張しているように聞こえるかもしれないが、そんなことはない。やはりそこには変化もある。そのなかで、もはやあまりに自明と化したため忘れられがちだが、おそらくもっとも重要なのは、宗教について考え、そしてある部分は宗教を軸に編制された社会が出現したことである。分かりやすく言えば、宗教であるかどうかで扱いが異なる社会が生まれたということである。宗教という語彙は、その周囲に、宗教学、宗教学者、宗教団体、宗教法……と、宗教を核とする領域を創り出していく。そこでは宗教を軸にした編制がなされ、宗教かどうかで待遇が異なっていく。

そして明治時代において、宗教という考え方が西洋由来であったように、そうした宗教の理念型はキリスト教であった。このことの影響は大きく、仏教などでも、少し前まで禁制であったキリスト教に対抗しつつ、それをモデルとした自己改革が行われる。そのなかでひときわ大きな存在感を示したのが浄土真宗であった要因として、真宗がキリスト教モデルとの適合性が高かった点を無視することはできない。

こうした変化がありながら、それでも明治時代の国民の多数は、基本的には神仏を中心とする世界に生きていた——そういって差し支えないだろう。そしてここだけ見ると維新以前と同じようだが、キリスト教との接触面の拡大や、神仏についても神仏分離を経た上に、非宗教／宗教へと区分されるなど、単純に同じではあり得ない。また数としては少なかったが、キリスト教徒になった者も、新宗教を奉じた者もいた。これらが共存していたのが明治時代ということになる。

宗教史と明治史——おわりに

「西洋由来の近代的価値の実現」という一元論を超えると、確かにさまざまなものが視野に入ってくる。それは研究を変えた。しかし、そうした近代的価値の実現に向けて努力した人たちがおり、それが論点であり続けたことも間違いない。信教の自由はその代表である。これらを近代主義であるとして否定したり、超克したりしても、はじまらない。研究の目指すべき方向は、そうした季節外れのポスト・モダニズムではない。

明治を生きた人びとにとって、宗教とはいかなるものだったのか。この素朴にして本源的な問いに答え得るよう努力していくことこそが、明治時代における宗教史研究の重要な課題である。たしかにその方向に近付いていてはいると思いたいが、まだ道半ばである。そのためには、じつのところ宗教史に視野を限定していては不可能であり、宗教と○○との関係といった形で、宗教なるものの領分のようなところから考えていくことが不可欠であろう。その意味で、領域を軸とする宗教史よりも、もしかすると時代に着目する明治史の方が、最前線をさらに推し進める点では、より多く期待できるのかもしれない。

コラム23 明治軍制史の論点

大澤博明

明治軍事史の研究は、軍事制度の形成と展開、軍事力の整備と東アジア政策との関係、戦争指導、などを中心として行われてきたといえよう。軍制史については、藤田嗣雄『明治軍制』（信山社出版、一九九二年）が刊行されるまで、軍部大臣武官制・統帥権独立・徴兵制の三つを柱に据えた松下芳男『改訂明治軍制史論』上・下（国書刊行会、一九七八年、初版は有斐閣、一九五六年刊）を批判的に検討し乗り越える形で進められてきたといえる。

軍の非政治化・中立化

明治初年から西南戦争までの期間では政治家や文官が軍隊を指揮し命令を下すことが見られたが、一八七八年に天皇に直属する軍令管掌機関として参謀本部が設置された以降そうしたことは起こらなくなる。文が武を支配すべきという観点に立てば、それは武官の統帥権掌握、文による武の統制弱体化ということになろう（大江志乃夫『統帥権』日本評論社、一九八三年）。今日では、文武の区別、軍の側からする軍事専門性の承認要求、軍をどのように統制してゆくか、という諸課題が軍の非政治化・中立化に向けた制度改革に帰着する内在的理由づけを探る研究視角が有力である（大島明子「明治維新期の政軍関係――強大な陸軍省と徴兵制軍隊の成立」小林道彦・黒沢文貴編著『日本政治史のなかの陸海軍――軍政優位体制の形成と崩壊 1868~1945』ミネルヴァ書房、二〇一三年）。統帥権独立（参謀本部設置、参謀本部長の帷幄上奏権の承認）は日本を破滅に追いやった元凶として言及されもしてきたが、明治期の制度形成段階では軍隊の政治化と軍に対する政府権力濫用を防ぐ措置として天皇と軍隊を結びつけたと捉えられる。

軍事専門性の進展と国民の徴兵制受容

徴兵制を基盤とする軍隊は国民（社会）に支持される組織でなければ持続できない。徴兵忌避はある種のわかり易さを伴うが、なぜ国民が徴兵制を受け容れたのかは自明ではなく経済的支援など外在的要因の他に軍事内在的理由を探究する必要がある。大江洋代『明治期日本の陸軍――官僚制と国民軍の形成』（東京大学出版会、二〇一八年）は、身分にとらわれない能力主義に基づく人事制度を通じて陸軍組織の制度化が進み非政治的な軍事専門将校団の形成が国民軍確立に大きな役割を担ったとする。

帷幄上奏をめぐる内閣と軍

内閣と軍との間で紛争の種となったのが内閣を経由せずに直接天皇に上奏できる帷幄上奏《いあくじょうそう》であった。大日本帝国憲法第一一条（「天皇ハ陸海軍ヲ統帥ス」）は統帥大権と呼ばれ作戦の計画や命令など（軍令）に関しては参謀本部や海軍軍令部といった軍令機関が天皇を直接補佐する形をとった。軍事作戦命令を帷幄上奏で処理することは特に問題とされたわけではない。政治問題化したのが第一二条（「天皇ハ陸海軍ノ編制及常備兵額ヲ定ム」）の編制大権に関してであった。軍が内閣官制第七条を改ざんして陸軍大臣も帷幄上奏できるようにしたのだという主張もなされたが、今ではそうした誤解は正されている。

帷幄上奏の範囲を軍令事項だけでなく編制などの軍事行政事項にまで拡大して陸軍大臣を内閣の統制から離脱させようとした陸軍。内閣による行政の統一を図ろうとした伊藤博文を中心とする勢力。帷幄上奏をめぐる（太政官）内閣と軍との関係が由井正臣「日本帝国主義成立期の軍部」（原秀三郎ほか編『大系・日本国家史5近代Ⅱ』東京大学出版会、一九七六年）によって分析された。この問題を永井和『近代日本の軍部と政治』（思文閣出版、一九九三年）、同「太政官文書にみる天皇万機親裁の成立――統帥権独立制度成立の理由をめぐって」（『京都大学文学部研究紀要』四一号、二〇〇二年）が更に深く検討を行い、総帥権独立が天皇親裁体制とともに始まったことを明らかにし、帷幄上奏を大宰相主義に基づき軍令に限定する、編制と統帥の混成領域まで認める、編制大権も内閣から独立させる、という三つの運用方向性を抽出した。

軍の政治的自立化――「軍部」成立論

一九〇七年の帝国国防方針と「軍令」の制定は、内閣からの政治的自立化を目指してきた軍が「軍部」として確立した指標であると評価されてきた。今日では、軍令の制定は伊藤博文などが主導した内閣総理大臣の権限強化を図る制度改革に対して軍が享受してきた特権（帷幄上奏）を擁護するための反応であったとされ（瀧井一博『伊藤博文――知の政治家』中公新書、二〇一〇年）、帝国国防方針は日英同盟の攻守同盟化（一九〇五年）に伴う対応であったと位置づけられる（小林道彦『日本の大陸政策1895-1914――桂太郎と後藤新平』南窓社、一九九六年）。

今後の課題

伊藤博文や山県有朋・桂太郎・児玉源太郎といった人物研究も進み帷幄上奏をめぐる対抗を通じた内閣―軍関係の輪郭が明確になってきた。こうした研究の成果を政軍関係理論の構築につなげることも課題であろう。また、陸軍の権限を拡張し内閣に対する相対的自立を確保しようとした大山巌に関する研究は遅れている。茫洋とした大物将帥のイメージで語られがちな大山が明治軍制、政軍関係に与えた影響について研究の進展が待たれる。

コラム24　大正期の転換点研究の論点

季武嘉也

明治七七周年からの大正期転換点研究

大正期を日本近代史の転換点と捉える視点を定着させる上で重要な役割を果たしたのは、一九六九年に刊行された岡義武『転換期の大正』（東京大学出版会）であった。

同書にはさまざまな論点が提示されているが、本稿の趣旨に従ってそれらをまとめれば、国内的にはそれまで無条件に支持されてきた政党勢力の伸長が、原内閣以降は大衆から批判の的になったこと、国際的にはそれまで膨張する一方であった日本帝国の前途が、アメリカや中国の台頭によって厳しく制限されるようになったことが重要な変化であり、その背後には第一次世界大戦期の国内外にわたる社会的、経済的、思想的変化があったというものである。

この研究によって、第一次大戦が栄光の明治から暗黒の昭和へ暗転する転換点となったとみなす視点は、その後の研究にも強い影響を与え続けた。ただし、ここでいう日本近代史とは明治維新から日本が敗戦した一九四五（昭和二〇、明治七七周年）年までを指し、一九四五年という絶対的な転換点によって出発した「現代」日本とは分離されたものであった。

明治一〇〇周年からの大正期転換点研究

しかし、同書が刊行される一年前の一九六八（昭和四三）年には明治一〇〇年記念式典が挙行され、同時にこの頃から維新以後の一〇〇年間を一体のものとみなす視点がしだいに強くなった。すなわち、高度経済成長によって国内総生産が世界第二位になったことを背景に、それまでの一九四五年転換説の絶対性を否定し、日本の近現代を一連の近代化の成功例として捉えようというのである。このことは大正期転換点研究にも別の意義を加えることになった。つまり、栄光から暗黒への転換というのではなく、例えば、普通選挙が実施されたように、より多くの国民が政治活動や社会活動に参加するようになったこと、また経済面では世界恐慌という苦痛を伴いながらも、重化学工業化が進行したことに現れているように、国家として一段階レベルアップし始める転換点になったのではないかというものであった。このような近代化論研究を牽引したのは佐藤誠三郎、伊藤隆、中村隆英らであった。また、同様の現象を軍事面に引き付けて展開した総力戦論も登場した。

明治一五〇周年の大正期転換点研究

そして、それから五〇年がたった明治一五〇周年＝二〇一八（平成三〇）年は、どのような状況なのであろうか。まず、欧州の例を紹介しよう。欧州では第一次大戦が国民の記憶に強く残っていると言われ、実際に二〇一四～一八年の間に大戦百周年を記念する行事が各地で数多く挙行され盛り上がったという。各行事が持っていた開催の意図は区々であったようだが、それが単なる懐古趣味からではなく、大戦が依然として現代生活と深いつながりを持っているからこそ盛り上がったのではないかという指摘もしばしばなされている。

さて日本の大正期転換点研究であるが、やはり第一次大戦の持つ重要性に関しては現在でもしばしば指摘されている。ただし、その意味付けは大きく変わってきているように思われる。近代化論や総力戦論が今でも重要な視点であり続けていることは間違いないが、現代社会ではそれを絶対視するのではなく、別の課題も同じく重視されるようになっている。曰くグローバル化、曰く環境保護、曰く大衆社会化、曰く少子高齢化、曰く情報化社会など、挙げればキリがない。そして、大正期転換点研究もこれと並行してその様相を変えつつあるようである。

まずグローバル化との関連を取り上げよう。ただし、ここでは一九九〇年代以降の経済を中心とした狭義の意味ではなく、もっと広く世界が一体化していく現象と考えていただきたい。このような視点に立つと、そもそも第一次大戦があのように大規模化した原因は、当時の国際関係が各国指導者たちの想定以上に複雑で緊密なものになっていたことにあった。指導者たちはそれを気づかずに戦争を始めたためドロ沼化してしまったといえよう。また、一九一八～九年にスペイン風邪（インフルエンザ）が全世界で猛威を振るったことが示しているように、国家間の緊密化はなにも政治に限るものでもなかった。こうして始まった世界の一体化の新たな局面が現在にまで継続している、と捉えることも確かに可能なように思われる。そして実際に、大正・昭和戦前期を対象にさまざまな分野に亘って、日本が他の地域とどのように関わっていたのかを探ろうとする研究が盛んに行われるようになっている。

次に大衆社会を取り上げる。大衆社会とは、大衆が政治をはじめ各分野で決定的な影響を与える社会のことであるが、この点で大正デモクラシーを日本の大衆社会化の出発点とし、それが現在に至るまでしだいに進行してきたとする意見にも、それなりの説得性があるように思われる。そして、このような観点から大正・昭和前期の大衆の実態を明らかにしようとする研究が登場している。と同時に、大衆社会化に対応して行政国家化も進行するように、大正期における国家形態の変化も研究の重要な対象になっている。

以上、大正期転換点に関する研究動向をみてきたが、改めて大正以前と大正以後の関係を考えてみると、確かに両者には近代化、世界の一体化、大衆化などの面で質的な差が認められるが、その準備は明治期になされている。したがって、明治期との質的な差とは何なのか、また転換点の準備が明治期に如何になされたのかも重要な研究課題であろう。

あとがき

本書は、二〇一八年一二月一五日、青山学院大学史学科・同史学会創設五〇周年記念として、同大学で行われたシンポジウム「国際環境下の明治――「明治一五〇年」の研究成果から考える〝明治史〟」を基礎としている。このシンポジウムは、ややもすれば、内向きとの印象をもたれがちな「明治史」を、より広い視野に立って考えようという趣旨から、明治史に関する多彩な研究状況を提示する試みであった。

当日は、久住真也、西川誠、真辺将之、千葉功の諸氏にご報告をお願いし、湯川文彦、原口大輔両氏には討論者としてご登壇いただき、筆者が司会をつとめた。また、鈴木淳、山口輝臣両氏にも、シンポジウムの連続企画としてご講演いただいた。このシンポジウムは、青山学院大学史学科創設五〇周年の記念として、学科創設以来目標としてきた国際的・学際的な視野をもつ実証的歴史研究の樹立という理念を踏まえたものである。本書からも、そうした理念を感じていただけたらと思う。

本書では、前記のシンポジウム登壇者に加え専門分野の研究者にも御執筆いただき、湯川文彦氏に、近年の明治史に関し、参考となると思われる文献を年表の形で作成いただいた。これは、膨大な研究の一端を掲載し、研究の流れを示すとともに研究の案内ともなることを意図したものである。各章・コラムで掲げられている文献とあわせて参照していただければと思う。

いずれにしても本書により、一九世紀後半から二〇世紀初頭の国際環境のなかで、さまざまな模索を続けてきた多様な明治という時代像が広く理解されると共に、明治史関連の研究書や論文が伝える研究の面白さを知ってもらえることを願う。

なお、本書の出版にあたり、本書の趣旨にご賛同くださり、極めて多忙ななかご執筆くださった第一線の研究者の皆さま、多彩な執筆者の原稿を調整し、編集の労を厭わずお進めくださった筑摩書房の松田健氏、ご支援いただいた青山学院大学史学会に、心より感謝する次第である。

小林和幸

二〇一九年一〇月

さらに詳しく知るための文献年表（一九七〇年代〜二〇一八年）

湯川文彦（編・主担当）

刊行年	月	著者・書名・出版社・内容紹介
一九七一	五	**坂野潤治『明治憲法体制の確立――富国強兵と民力休養』**（東京大学出版会）……初期議会期の政治構造を描き出した古典的名著（再刊・東京大学出版会、一九八二）。
一九七一	一一	**ジョージ・アキタ（荒井孝太郎、坂野潤治訳）『明治立憲政と伊藤博文』**（東京大学出版会）……藩閥政治家による明治憲法の運用を実証的に追究した。
一九七三	一〇	**宮地正人『日露戦後政治史の研究――帝国主義形成期の都市と農村』**（東京大学出版会）……日露戦後経営をめぐる農村・都市の多面的問題に切り込んだ先駆的研究（復刻版・東京大学出版会、一九八二）。
一九七七	一二	**中村隆英・伊藤隆編『近代日本研究入門』**（東京大学出版会）……研究の手法入門とチャレンジングな概説からなる。刊行から年数がたつが、研究を進める上で示唆に富む（増補版・東京大学出版会、一九八三、二〇一二）。
一九七八	三	**酒田正敏『近代日本における対外硬運動の研究』**（東京大学出版会）……日清戦前から日露戦争に至る「対外硬」運動の諸勢力の活動と連携を詳細に検討した外交政治史研究の必読書。
一九七八	一一	**北岡伸一『日本陸軍と大陸政策――1906-1918年』**（東京大学出版会）……大陸国家となったことから生じる政治対抗を実証的かつ詳細に検討した必読書。
一九八〇	二	**有泉貞夫『明治政治史の基礎過程――地方政治状況史論』**（吉川弘文館）……議会政治の展開過程について中央・地方関係および地方利益追求に注目して分析した好著（再刊・吉川弘文館、二〇一三）。
一九八〇	九	**水野勝邦・尚友倶楽部『貴族院の会派研究会史（明治大正篇）』**（尚友倶楽部）……貴族院の政治会派について貴族院関係者の史料を駆使して描く（再刊・芙蓉書房出版、二〇一九）。

一九八〇	一一	**御厨貴『明治国家形成と地方経営――一八八一～一八九〇年』**（東京大学出版会）……地方に向かって展開された明治国家形成期の政治の動態を描き出した。『首都計画の政治――形成期明治国家の実像』（山川出版社、一九八四）と合わせて再編集した『明治国家をつくる――地方経営と首都計画』（藤原書店、二〇〇七）が刊行されている。
一九八二	一一	**藤森照信『明治の東京計画』**（岩波書店）……明治期東京の都市計画について多面的に論じた基礎的研究（再刊・岩波書店、一九九〇、文庫版・岩波書店、二〇〇四）。
一九八三	九	**坂井雄吉『井上毅と明治国家』**（東京大学出版会）……井上毅の政治思想について、生涯にわたる事蹟をつうじて考察。
一九八三	一二	**梅村又次・中村隆英編『松方財政と殖産興業政策（国連大学プロジェクト日本の経験シリーズ）』**（国際連合大学）……松方財政の構造を経済史的に分析し、政治対抗との関連も論じた。
一九八四	一一	**御厨貴『首都計画の政治――形成期明治国家の実像』**（山川出版社）……都市に向かって展開された明治国家形成期の政治の動態を描き出した。『明治国家形成と地方経営――一八八一～一八九〇年』（一九八〇）と合わせて再編集した『明治国家をつくる――地方経営と首都計画』（藤原書店、二〇〇七）が刊行されている。
一九八四	一二	**山室信一『法制官僚の時代――国家の形成と知の歴程』**（木鐸社）……明治国家の草創期における法制官僚たちの準拠国をめぐる争いと明治一四年の政変におけるその帰結を描く。準拠国という目新しい概念を用いて、法制官僚という存在を指摘、分析する大著。
一九八七	六	**森山茂徳『近代日韓関係史研究――朝鮮植民地化と国際関係』**（東京大学出版会）……国際環境下の日韓関係を論述するもので、それまでの研究を実証面で格段に引き上げた良書。
一九八八	六	**鳥海靖『日本近代史講義――明治立憲制の設計とその理念』**（東京大学出版会）……国会が日本社会にどのように理解されて受容されたか、内在的理解を試みた。公論の議論の出発点は、ここにあると思われる。

一九八九	九	**上山和雄『陣笠代議士の研究――日記にみる日本型政治家の源流』**（日本経済評論社）……一陣笠代議士山宮藤吉の日記を軸に、有権者や民衆からの支持調達の過程などを明確に描く。議会政治史研究の新展開を促した良書。
一九九〇	一二	**稲田雅洋『日本近代社会成立期の民衆運動――困民党研究序説』**（筑摩書房）……それまで自由民権運動の枠組みで捉えられてきた困民党を、民権運動とは異なる論理を持つ負債農民騒擾として捉え直す。
一九九一	二	**大石嘉一郎ほか編『近代日本の行政村――長野県埴科郡五加村の研究』**（日本経済評論社）……明治～戦後にかけて行政村の成立から定着・変容・再編過程を定点観測。官民対立構図を越えて、相互関係のなかで地域的公共関係が成立していく様子を描き出した。
一九九一	八	**井上勲『王政復古――慶応三年十二月九日の政変』**（中公新書）……幕末の政治対抗を、政治主体を明確にして、新事実を究明しつつ、明らかにした。読みやすく内容が豊富で、アクターの確定の重要性をも認識させられる良書。
一九九一	九	**大日方純夫『自由民権運動と立憲改進党』**（早稲田大学出版部）……自由民権運動における立憲改進党の動向を鷗渡会系の動きを中心に検討する。
一九九一	一二	**笠原英彦『明治国家と官僚制』**（芦書房）……明治太政官制の変遷とその意味について政治動向をふまえて考察。
一九九一	一二	**坂本一登『伊藤博文と明治国家形成――「宮中」の制度化と立憲制の導入』**（吉川弘文館）……伊藤博文の視点から内閣・宮中の制度化と政治体制の構築過程を描き出した好著（文庫版・講談社、二〇一二）。
一九九二	五	**鶴巻孝雄『近代化と伝統的民衆世界――転換期の民衆運動とその思想』**（東京大学出版会）……近世から近代への時代の転換のなかで、伝統的観念を有する民衆が近代化にどのように対抗したかを検討する。
一九九二	八	**佐々木隆『藩閥政府と立憲政治』**（吉川弘文館）……初期議会政治史の構造を藩閥政府の憲法運用の側面から明らかにする。国会開設を迎える藩閥諸勢力の構想と対抗を詳細に解明している。近代史通には、欠くことが出来ない良書。

一九九二	一一	**大日方純夫『日本近代国家の成立と警察』**（校倉書房）……明治前期における警察制度の成立過程を中央・地方史料を交えて描き直した。
一九九二	一二	**佐藤誠三郎『「死の跳躍」を越えて——西洋の衝撃と日本』**（都市出版）……幕末維新期の危機的状況に対処した人物のリーダーシップを鮮やかに描き出し、その後の国際関係をも見通した名著（再刊・千倉書房、二〇〇九）。
一九九三	五	**永井和『近代日本の軍部と政治』**（思文閣出版）……実証的な手法により軍部が果たした政治的な役割を詳細に描いた画期的な研究書。
一九九三	六	**中野目徹『政教社の研究』**（思文閣出版）……明治二十年代のナショナリズムをリードした政教社の活動と思想を、それを育んだ時代背景をふまえて考察する。
一九九四	四	**大島美津子『明治国家と地域社会』**（岩波書店）……地方制度の変遷および地方行政の形成過程について、中央・地方史料を駆使して分析した基礎的研究（再刊・岩波書店、二〇一六）。
一九九五	一	**E・H・キンモンス著、廣田照幸ほか訳『立身出世の社会史——サムライからサラリーマンへ』**（玉川大学出版部）……青年層の自己実現とその変遷をめぐって、各種日記・雑誌を駆使しつつ描き出している。
一九九五	二	**園田英弘ほか『士族の歴史社会学的研究——武士の近代』**（名古屋大学出版会）……武士の明治維新を様々な角度から描き出している。内容豊富な好書。
一九九五	三	**西川長夫ほか編『幕末・明治期の国民国家形成と文化変容』**（新曜社）……「国民国家」論にもとづき、国際比較の観点から国家形成史、文化的特性を捉える手法を提起した共同研究書。
一九九五	六	**高橋秀直『日清戦争への道』**（東京創元社）……日清開戦までの過程を国内政治の状況も踏まえて検討し、そこに明治国家の対外姿勢の変容を読み取る。
一九九五	一一	**家近良樹『幕末政治と倒幕運動』**（吉川弘文館）……幕末政治史を一・会・桑勢力に焦点をあてて描き直した労作（再刊・吉川弘文館、二〇一三）。

年	月	文献
一九九六	三	**鈴木淳『明治の機械工業——その生成と展開』**（ミネルヴァ書房）……明治期日本における機械工業の成立過程について、その技術的特性、欧米諸国に対する日本の後発性、在来技術との関係を視野に収めた包括的実証研究書。
一九九六	一〇	**坂野潤治『近代日本の国家構想——1871-1936』**（岩波書店）……明治初年の政治勢力の対抗関係を、政策論争の視点から分析する必読書（文庫版・岩波書店、二〇〇九）。
一九九六	一〇	**小林道彦『日本の大陸政策 1895-1914——桂太郎と後藤新平』**（南窓社）……日清戦争後から大正政変期にいたる政治史を、大陸への進出過程を通じて解明した。
一九九六	一〇	**高村直助編『道と川の近代』**（山川出版社）……明治前期を中心に、道路と河川をめぐる政治・経済・技術の問題を多面的に考察。
一九九六	一一	**高村直助『会社の誕生』**（吉川弘文館）……近代日本における「会社」の発見、試行、勃興、普及を当時の法的・経済的環境をふまえて描き出す（再刊・吉川弘文館、二〇一七）。
一九九七	一	**三谷博『明治維新とナショナリズム——幕末の外交と政治変動』**（山川出版社）……幕末政治の危機への対処を、幅広い政治参加要求（「公議」）や家・職の変革に注目しつつ描き出した（再刊・山川出版社、二〇〇九）。
一九九七	二	**高木博志『近代天皇制の文化史的研究——天皇就任儀礼・年中行事・文化財』**（校倉書房）……天皇の儀礼および皇室にかかわる文化財保護について、具体的な検討を重ねた基礎的研究。
一九九七	一二	**三谷太一郎『近代日本の戦争と政治』**（岩波書店）……日清戦争以降の戦争と政治を、軍事化・民主化・植民地化の観点から分析する。近代天皇制についての言及と併せて、後の近代史研究に大きな影響を与えた。
一九九八	七	**牧原憲夫『客分と国民のあいだ——近代民衆の政治意識』**（吉川弘文館）……民衆の政治意識を近世以来の「客分」意識の延長線上にとらえ、ナショナリズムに熱狂する「国民」との接続をも描き出した好著。
一九九八	七	**成田龍一『「故郷」という物語——都市空間の歴史学』**（吉川弘文館）……故郷の記憶をめぐる考察から、新しい文化史の地平を開いた好著。

一九九八	九	**中村尚史『日本鉄道業の形成――1869～1894年』**（日本経済評論社）……鉄道政策、および鉄道会社の設立、経営について詳述した基礎的研究（再刊・日本経済評論社、二〇一六）。
一九九八	一二	**季武嘉也『大正期の政治構造』**（吉川弘文館）……日露戦後の政治構造から説き起こし、新しい大正政治史の地平を開いた良書。
一九九九	一	**山田央子『明治政党論史』**（創文社）……日本に政党という概念が導入されるに際して生じた様々な論点や摩擦を思想史的に捉える。
一九九九	三	**宮地正人『幕末維新期の社会的政治史研究』**（岩波書店）……幕末維新政治史を、風説留や日記などの地域史料を用いつつ、社会史的広がりをもって再検討している（再刊・岩波書店、二〇一五）。
一九九九	六	**山口輝臣『明治国家と宗教』**（東京大学出版会）……明治国家形成過程における「宗教」の成立と神道の再編過程を明らかにしている。
一九九九	七	**伊藤之雄『立憲国家の確立と伊藤博文――内政と外交一八八九～一八九八』**（吉川弘文館）……藩閥政府と自由党との接近過程を内政と外交の両側面から検討する。
一九九九	一〇	**佐々木隆『メディアと権力』**（中央公論新社）……明治以降の新聞メディアと政治権力の関係性について膨大な政治・メディア史料の分析から描き出している（文庫版・中央公論新社、二〇一三）。
一九九九	一〇	**瀧井一博『ドイツ国家学と明治国制――シュタイン国家学の軌跡』**（ミネルヴァ書房）……明治日本の「国制知」について、ローレンツ・フォン・シュタインの国家学と日本におけるその受容に注目して分析。
一九九九	一二	**鈴木淳『新技術の社会誌』**（中央公論新社）……活版印刷、時計、電車、ラジオなど新技術の導入によって変わりゆく近代社会の姿を描き出す（文庫版・中央公論新社、二〇一三）。
二〇〇〇	二	**青山忠正『明治維新と国家形成』**（吉川弘文館）……「薩長連合」など自明とされた幕末期の出来事や歴史用語について、再考を促した研究。

二〇〇〇	二	**中野目徹『近代史料学の射程――明治太政官文書研究序説』**（弘文堂）……明治太政官制下の公文書について史料学的分析法を考案し、政府の意思決定過程の復元、および史料保存について多角的な分析を行っている（再刊・弘文堂、二〇一五）。
二〇〇〇	七	**伊藤之雄『立憲国家と日露戦争――外交と内政 1898～1905』**（木鐸社）……膨大な史料と多角的な分析により、従来の日露戦争理解に修正を迫ることとなった論文集。
二〇〇一	一	**落合弘樹『明治国家と士族』**（吉川弘文館）……明治前期の士族に対する政策と、士族授産の展開過程を分析し、明治国家と士族の関係を考察。
二〇〇一	一	**小宮一夫『条約改正と国内政治』**（吉川弘文館）……明治二十年代の政治構造について、条約改正をめぐる政府・政党・民間の議論をつうじて考察。
二〇〇一	一	**松尾正人『廃藩置県の研究』**（吉川弘文館）……新政府発足から廃藩置県に至るまでの政治過程を、中央・地方双方の史料を用いて再構成した基礎的研究（再刊・吉川弘文館、二〇一七）。
二〇〇一	三	**大澤博明『近代日本の東アジア政策と軍事――内閣制と軍備路線の確立』**（成文堂）……内閣制導入前後における陸軍・海軍内部の路線対立のなかから、近代日本の東アジア政策の形成過程を描き出す。
二〇〇一	五	**長妻廣至『補助金の社会史――近代日本における成立過程』**（人文書院）……補助金を切り口に、地方政治の展開過程を捉え直している。
二〇〇一	七	**原武史『可視化された帝国――近代日本の行幸啓』**（みすず書房）……明治～昭和戦中期にかけての天皇・皇太子の行幸啓を、その身体性に注目しつつ分析（増補版・みすず書房、二〇一一）。
二〇〇一	八	**橋本毅彦ほか『遅刻の誕生――近代日本における時間意識の形成』**（三元社）……人はなぜ時間に縛られて生きるようになったのか。近代的時間意識の形成について、鉄道・工場・学校など様々な側面から考察した共同研究書。
二〇〇二	二	**勝田政治『内務省と明治国家形成』**（吉川弘文館）……内務省設置構想および内務省政策の展開過程を再検討。

二〇〇二	二	**小林和幸『明治立憲政治と貴族院』**（吉川弘文館）……明治立憲政治における貴族院の役割を、諸会派各議員の認識と実践から描き出した。
二〇〇二	八	**毛利敏彦『明治維新政治外交史研究』**（吉川弘文館）……薩摩藩と琉球王国の関係、岩倉使節団の編成や明治六年政変、台湾出兵など、明治維新期を新たな視点から描き出した。
二〇〇二	一二	**土屋礼子『大衆紙の源流――明治期小新聞の研究』**（世界思想社）……のちの大衆紙へと連なる「小新聞」について、その表現や販売戦略を多面的に考察。
二〇〇三	三	**五百旗頭薫『大隈重信と政党政治――複数政党制の起源 明治十四年―大正三年』**（東京大学出版会）……戦前日本の複数政党制の形成について、大隈重信の経済政策における認識と活動を分析。政治家・政党・メディアの相互関係を捉えるうえでも示唆に富む。
二〇〇三	三	**林屋礼二ほか編『明治前期の法と裁判』**（信山社出版）……「民事判決原本」を活用することにより民事訴訟の実態分析を試みた共同研究書。
二〇〇三	九	**櫻井良樹『帝都東京の近代政治史――市政運営と地域政治』**（日本経済評論社）……明治以降の東京市政の特性について、市政執行部の役割と地域の政治構造を分析しつつ描き出している。
二〇〇四	七	**小川原正道『大教院の研究――明治初期宗教行政の展開と挫折』**（慶應義塾大学出版会）……明治新政府の宗教行政の中核を担った「大教院」について、その設立から崩壊までの過程を詳細に論じる。
二〇〇四	一〇	**佐々木克『幕末政治と薩摩藩』**（吉川弘文館）……幕末政治史を薩摩藩の視点から再検討した大著。
二〇〇四	一二	**佐藤秀夫『教育の文化史』**1～4巻（～二〇〇五・一二）（阿吽社）……教育制度史・文化史研究を展開してきた著者の論文集。学校教育制度、学校文化、史料論など多岐にわたる。
二〇〇五	一	**森田朋子『開国と治外法権――領事裁判制度の運用とマリア・ルス号事件』**（吉川弘文館）……幕末維新期の領事裁判制度運用をめぐる問題について、主にイギリス側史料を活用しつつ明らかにしている。

二〇〇五	六	**沼田哲『元田永孚と明治国家――明治保守主義と儒教的理想主義』**（吉川弘文館）……元田永孚の内在的理解と、政治的行動の実態を丁寧に分析した必読書（再刊・吉川弘文館、二〇一八）。
二〇〇五	一〇	**久住真也『長州戦争と徳川将軍――幕末期畿内の政治空間』**（岩田書院）……長州戦争が幕末政治に与えた影響について、徳川将軍の役割に注目しつつ分析。
二〇〇五	一一	**横山百合子『明治維新と近世身分制の解体』**（山川出版社）……明治初年の身分制解体について、とくに東京の戸籍編製に注目しつつ考察している。
二〇〇五	一二	**内藤一成『貴族院と立憲政治』**（思文閣出版）……明治・大正期の貴族院について、政治会派の分析を通じて描いた力作。
二〇〇六	四	**原田敬一『帝国議会誕生――今の国会と何が違うか！』**（文英社）……議会制度定着の過程を諸政治機構の動向を分析して描いた。
二〇〇六	五	**大谷正『兵士と軍夫の日清戦争――戦場からの手紙をよむ』**（有志舎）……人々の日清戦争体験を、地方新聞に掲載された従軍者たちの手紙をはじめ各種メディア史料を分析することによって描き出している。
二〇〇六	五	**斎藤聖二『北清事変と日本軍』**（芙蓉書房出版）……「北清事変」における日本国内と日本軍の動向を国内外の史料を用いて分析した好著。
二〇〇六	一一	**渡辺尚志編『近代移行期の名望家と地域・国家』**（名著出版）……近世近代移行期の地域社会の構造と変容について、各地の地方名望家の認識と活動を分析することによって明らかにした共同研究書。
二〇〇七	一	**清水唯一朗『政党と官僚の近代――日本における立憲統治構造の相克』**（藤原書店）……明治維新～昭和戦前期における政党―官僚関係の形成・展開過程を分析。
二〇〇七	二	**高橋秀直『幕末維新の政治と天皇』**（吉川弘文館）……幕末政治過程を天皇の政治的浮上と政治参加要求（「公議」）の高まりに注目して描き直した大著。
二〇〇七	二	**川口暁弘『明治憲法欽定史』**（北海道大学図書刊行会）……明治憲法が「欽定」される過程を伊藤博文、井上毅を通じて詳細に検討した大著。

二〇〇七	二	**森田貴子『近代土地制度と不動産経営』**（塙書房）……明治期における不動産経営の確立過程を、三井・三菱の事例分析を通じて明らかにしている。
二〇〇七	五・九	**原口清『幕末中央政局の動向（原口清著作集1）』**、**同『王政復古への道（原口清著作集2）』**（ともに岩田書院）……幕末政治を「国是」樹立をめぐる諸政治勢力の動向から描き出し、通説に再考を迫った研究書。
二〇〇七	七	**石井寛治『経済発展と両替商金融』**（有斐閣）……大阪の両替商を対象に、近世近代移行期における金融の変革過程、銀行業への移行を描き出す。
二〇〇七	一二	**保谷徹『戊辰戦争（戦争の日本史18）』**（吉川弘文館）……戊辰戦争の性質について、それを成り立たせていた軍事技術、軍制をふまえつつ、現場で発生していた諸問題を包括的に論じている。
二〇〇八	二	**松田宏一郎『江戸の知識から明治の政治へ』**（ぺりかん社）……近世近代移行期における政治思想の継承と変革を数多くの知識人の論考から描き出した好著。
二〇〇八	三	**伊藤隆編『山県有朋と近代日本』**（吉川弘文館）……戦後に形成された山県有朋像に再考を迫る共同研究書。山県の政治力を実証的に再検討し、山県をめぐる歴史叙述の問題にも光をあてている。
二〇〇八	四	**千葉功『旧外交の形成――日本外交一九〇〇～一九一九』**（勁草書房）……日清戦争後～第一次世界大戦にかけての日本外交の特性について、外務省が自律化し「旧外交」に習熟する過程に注目して分析。膨大な外交史料の博捜により、当該期の外交政策の基調を構造的に捉えるとともに、第一次大戦以後の外交の規定要因を考察している。
二〇〇九	二	**松沢裕作『明治地方自治体制の起源――近世社会の危機と制度変容』**（東京大学出版会）……近世近代移行期における地域社会秩序の動揺と、地方制度による再編過程を中央・地方双方の観点で描き出している。
二〇〇九	一一	**片山慶隆『日露戦争と新聞――「世界の中の日本」をどう論じたか』**（講談社）……日露戦争と新聞の関係を、戦争前後の各紙論調の比較分析によって描き出す。

二〇〇九	一二	**真辺将之『西村茂樹研究――明治啓蒙思想と国民道徳論』**（思文閣出版）……明治啓蒙思想と国民道徳論を繋ぐ思想家としての西村の思想と彼が創設した日本弘道会の全国的な活動を検討する。
二〇一〇	二	**松浦玲『勝海舟』**（筑摩書房）……幕末と藩閥政治の終末に大きな役割を果たした勝海舟を膨大な史料で描いた。同著者の評伝（『横井小楠』『徳川慶喜』『坂本龍馬』など）はいずれも定評がある。
二〇一〇	九	**中村尚史『地方からの産業革命――日本における企業勃興の原動力』**（名古屋大学出版会）……地方企業の成長にともなう地域経済活性化について、企業家関係史料をもちいて考察。
二〇一〇	一二	**五百旗頭薫『条約改正史――法権回復への展望とナショナリズム』**（有斐閣）……政府の条約改正交渉について、行政権回復の企図と挫折、法権回復への跳躍という観点から描き直した好著。
二〇一〇	一二	**中嶋久人『首都東京の近代化と市民社会』**（吉川弘文館）……近世近代移行期における都市社会の変革について、公共事業・都市計画をめぐる問題を検討することによって描き出した。
二〇一一	一	**村瀬信一『明治立憲制と内閣』**（吉川弘文館）……内閣制度成立・定着過程について、藩閥・政党の政治状況をふまえて描き出した。
二〇一一	三	**河野有理『明六雑誌の政治思想――阪谷素と「道理」の挑戦』**（東京大学出版会）……阪谷素を中心に明六雑誌の政治思想を検討し、「明治啓蒙思想」という位置づけに疑義を呈する。
二〇一一	七	**西川誠『明治天皇の大日本帝国』**（講談社）……明治天皇からみた明治国家形成史。当時の政治・社会状況をふまえつつ、明治国家における天皇の役割を緻密に描き出す（文庫版・講談社、二〇一八）。
二〇一一	一一	**友田昌宏『未完の国家構想――宮島誠一郎と近代日本』**（岩田書院）……米沢藩士宮島誠一郎の国家構想を分析して、幕末・明治の時代相を描いた。

二〇一二	一二	**刑部芳則『明治国家の服制と華族』**（吉川弘文館）……明治国家形成過程における服制と華族の相互連関的形成過程を描き出している。
二〇一三	二	**伏見岳人『近代日本の予算政治 1900-1914――桂太郎の政治指導と政党内閣の確立過程』**（東京大学出版会）……桂太郎の政治指導について、彼の予算政治への対応に注目して分析。
二〇一三	三	**箱石大編『戊辰戦争の史料学』**（勉誠出版）……戊辰戦争研究の新たな可能性を求めて、従来用いられてきた史料の史料学的検討や、諷刺画・写真など新たな史料の活用を試みた共同研究書。
二〇一三	六	**有山輝雄『情報覇権と帝国日本I――海底ケーブルと通信社の誕生』**（吉川弘文館）……日本の対外関係を左右した情報網の形成について、国際的情報流通をふまえて分析。
二〇一三	七	**尾原宏之『軍事と公論――明治元老院の政治思想』**（慶応義塾大学出版会）……徴兵制をめぐる政治思想の奥行きを、元老院の多彩な議論の分析を通じて描き出した好著。
二〇一三	一〇	**池田勇太『維新変革と儒教的理想主義』**（山川出版社）……熊本藩士たちの思想と活動に注目し、儒教の理想にもとづく維新変革の態様を描き出した。
二〇一三	一一	**木下直之『戦争という見世物――日清戦争祝捷大会潜入記』**（ミネルヴァ書房）……日清戦争祝捷大会における民衆の熱狂を、軽やかな筆致で描き出す。
二〇一四	五	**尾藤正英『日本の国家主義――「国体」思想の形成』**（岩波書店）……近代日本の「国体」思想や尊王攘夷思想・皇国史観等を、江戸思想史の淵源からたどった思想史研究の必読書。
二〇一四	一〇	**久保田哲『元老院の研究』**（慶應義塾出版会）……帝国議会開設以前の議法機関・元老院の創設から終焉までを制度と人の変遷、審議事項などの検討を通して検討した。
二〇一五	三	**小林延人『明治維新期の貨幣経済』**（東京大学出版会）……明治維新期における全国的な貨幣体系の変動について、各地の経済活動との関係をふまえつつ、事例分析を重ねている。

二〇一五	六	**長南政義『新史料による日露戦争陸戦史 覆される通説』**（並木書房）……日露戦争陸戦史について、新史料の精読により、通説を大幅に修正する意欲的な大著。
二〇一五	一〇	**藤野裕子『都市と暴動の民衆史――東京・1905-1923年』**（有志舎）……日比谷焼打事件から米騒動に至るまでの都市暴動のメカニズムを、労働者の生活環境、規範意識、組織性などに注目しつつ考察している。
二〇一五	一〇	**塩出浩之『越境者の政治史――アジア太平洋における日本人の移民と植民』**（名古屋大学出版会）……越境する日本人たちの政治行動を詳細に分析し、明治以降の国民統合、日本およびアジア太平洋地域秩序の全体像を描き出す大著。
二〇一五	一一	**宮間純一『国葬の成立――明治国家と「功臣」の死』**（勉誠出版）……近代国家形成期の「国葬」について、その歴史的展開と意義を検討する。
二〇一五	一一	**松沢裕作編『近代日本のヒストリオグラフィー』**（山川出版社）……歴史学・歴史叙述の成り立ちとその課題を多面的に考察したシンポジウム叢書。
二〇一五	一二	**内山一幸『明治期の旧藩主家と社会――華士族と地方の近代化』**（吉川弘文館）……旧柳川藩主立花家を中心に、大名華族が地方の近代化に果たした役割を解明。
二〇一五	一二	**久保正明『明治国家形成と華族』**（吉川弘文館）……華族制度創設過程を詳細に描き出した。
二〇一五	一二	**平山昇『初詣の社会史――鉄道が生んだ娯楽とナショナリズム』**（東京大学出版会）……明治以降の初詣の成立・定着過程を、鉄道利用やナショナリズムとの関係から描き出している。
二〇一六	五	**前田亮介『全国政治の始動――帝国議会開設後の明治国家』**（東京大学出版会）……初期議会期における藩閥・政党の衝突から提携への道程を、地方政策をめぐる政府・政党の多面的考察によって描き直した。
二〇一六	六	**谷川穣『明治前期の教育・教化・仏教』**（思文閣出版）……近代日本における宗教と教育の関わりを重層的に検討する。

二〇一六	一二	**古結諒子『日清戦争における日本外交――東アジアをめぐる国際関係の変容』**（名古屋大学出版会）……日清戦争にともなう東アジア国際関係の変容を、日本外交の役割を通じて描き出す好著。
二〇一七	三	**佐々木雄一『帝国日本の外交 1894-1922――なぜ版図は拡大したのか』**（東京大学出版会）……日清戦争以降の日本の外交政策の特質について、その対外膨張的気質と政府の意思決定方式との関係に着目しつつ描き出した。
二〇一七	四	**湯川文彦『立法と事務の明治維新――官民共治の構想と展開』**（東京大学出版会）……明治維新の展開構造について、立法および事務の複合的な形成過程に注目し、政府官員たちの認識と活動を通じて明らかにしている。
二〇一七	一〇	**飯塚一幸『明治期の地方制度と名望家』**（吉川弘文館）……地方制度改革の歴史的意義を地方名望家の認識と活動の分析をつうじて捉え直す。
二〇一七	一一	**マーガレット・メール著、千葉功ほか訳『歴史と国家――19世紀日本のナショナル・アイデンティティと学問』**（東京大学出版会）……明治新政府の修史事業の内実と歴史学の形成について、当事者たちの国家・歴史の関係理解に迫りつつ明らかにしている。
二〇一八	四	**齊藤紅葉『木戸孝允と幕末・維新――急進的集権化と「開化」の時代 1833～1877』**（京都大学学術出版会）……維新激動期の政治を主導した木戸孝允について、生い立ちや交遊、藩政改革、維新政治の推進といった諸側面を論じる。
二〇一八	七	**末木孝典『選挙干渉と立憲政治』**（慶應義塾大学出版会）……明治二五年の「選挙干渉事件」をさまざまな角度から検討し、明治天皇や藩閥政府、民党の権力構造の再解釈を試みる。
二〇一八	九	**中元崇智『明治期の立憲政治と政党――自由党系の国家構想と党史編纂』**（吉川弘文館）……帝国議会の開設後の自由党を中心に、国家構想や経済政策を検討する。また党史編纂を通じて自由党の位置づけを考察した。
二〇一八	一〇	**中西啓太『町村「自治」と明治国家――地方行財政の歴史的意義』**（山川出版社）……明治中期以降の町村自治の弾力的運用を中央・地方史料から描き出した。

二〇一八	一〇	**原口大輔『貴族院議長・徳川家達と明治立憲制』**（吉田書店）……貴族院議長の政治的役割を議会事務局関係者の史料などを駆使して描き出した。
二〇一八	一二	**大江洋代『明治期日本の陸軍——官僚制と国民軍の形成』**（東京大学出版会）……明治期の陸軍官僚制度の形成を丹念に追求し、軍隊の実態から日本の近代化を描いた。

執筆者紹介

小林和幸（こばやし・かずゆき）**【編者／はじめに・第4章・あとがき】**
＊奥付参照

＊

久住真也（くすみ・しんや）**【第1章】**
一九七〇年生まれ。大東文化大学文学部准教授。日本近世・近代史。著書『長州戦争と徳川将軍――幕末期畿内の政治空間』（岩田書院）、『幕末の将軍』（講談社選書メチエ）、『王政復古――天皇と将軍の明治維新』（講談社現代新書）。

西川　誠（にしかわ・まこと）**【第2章】**
一九六二年生まれ。川村学園女子大学教授。日本近代史。著書『明治天皇の大日本帝国』（講談社）、『日本立憲政治の形成と変質』（共編著、吉川弘文館）、『山縣有朋関係文書』全三巻（共編、山川出版社）など。

真辺将之（まなべ・まさゆき）**【第3章】**
一九七三年生まれ。早稲田大学文学学術院教授。日本近現代史。著書『西村茂樹研究――明治啓蒙思想と国民道徳論』（思文閣出版）、『東京専門学校の研究』（早稲田大学出版部）、『大隈重信――民意と統治の相克』（中公叢書）など。

千葉　功（ちば・いさお）**【第5章】**
一九六九年生まれ。学習院大学文学部教授。日本近現代史。著書『旧外交の形成――日本外交　一九〇〇～一九一九』（勁草書房）、『桂太郎――外に帝国主義、内に立憲主義』（中公新書）、『桂太郎関係文書』（東京大学出版会）など。

鈴木　淳（すずき・じゅん）【第6章】
一九六二年生まれ。東京大学大学院人文社会系研究科教授。日本近代社会経済史。著書『明治の機械工業』（ミネルヴァ書房）、『維新の構想と展開』（講談社学術文庫）、『新技術の社会誌』（中公文庫）、『関東大震災』（講談社学術文庫）など。

山口輝臣（やまぐち・てるおみ）【第7章】
一九七〇年生まれ。東京大学大学院総合文化研究科准教授。日本近代史。著書『明治国家と宗教』（東京大学出版会）、『明治神宮の出現』（吉川弘文館）、『島地黙雷――「政教分離」をもたらした僧侶』（山川出版社）など。

岩田みゆき（いわた・みゆき）【コラム1】
一九五八年生まれ。青山学院大学文学部教授。日本近世史。著書『幕末の情報と社会変革』『黒船がやってきた――幕末の情報ネットワーク』（以上、吉川弘文館）、『戸田村史　通史編』（共著、沼津市）。

池田勇太（いけだ・ゆうた）【コラム2】
一九七八年生まれ。山口大学人文学部准教授。日本近代史。著書『維新変革と儒教的理想主義』『福澤諭吉と大隈重信――洋学書生の幕末維新』（以上、山川出版社）。

友田昌宏（ともだ・まさひろ）【コラム3】
一九七七年生まれ。大東文化大学文学部非常勤講師。東京経済大学史料室嘱託。日本近代史。著書『戊辰雪冤――米沢藩士・宮島誠一郎の「明治」』（講談社現代新書）、『未完の国家構想――宮島誠一郎と近代日本』（岩田書院）、『東北の幕末維新――米沢藩士の情報・交流・思想』（吉川弘文館）など。

落合弘樹（おちあい・ひろき）【コラム4】
一九六二年生まれ。明治大学文学部教授。幕末・維新史。著書『明治国家と士族』『西郷隆盛と士族』（以上、吉川

弘文館）、『秩禄処分――明治維新と武家の解体』（講談社学術文庫）など。

湯川文彦（ゆかわ・ふみひこ）**【コラム5・さらに詳しく知るための文献年表（主担当）】**
一九八四年生まれ。お茶の水女子大学文教育学部助教。日本近代史。著書『立法と事務の明治維新――官民共治の構想と展開』（東京大学出版会）。

中元崇智（なかもと・たかとし）**【コラム6】**
一九七八年生まれ。中京大学文学部教授。日本近代史。著書『明治期の立憲政治と政党――自由党系の国家構想と党史編纂』（吉川弘文館）。論文「板垣退助岐阜遭難事件の伝説化――『自由党史』における記述の成立過程を中心に」（『日本史研究』六二九号）、「板垣退助と戊辰戦争・自由民権運動」（『歴史評論』八一二号）。

大島明子（おおしま・あきこ）**【コラム7】**
一九六三年生まれ。東京女子大学・小石川中等教育学校非常勤講師、晃華学園中学校高等学校無期契約講師。日本近代政治外交史。著書『黒田清隆関係文書』（共編、北泉社）、論文「一八七三（明治六）年のシビリアンコントロール」（『史学雑誌』一一七編七号）など。

坂本一登（さかもと・かずと）**【コラム8】**
一九五六年生まれ。國學院大學法学部教授。日本政治史。著書『伊藤博文と明治国家形成――「宮中」の制度化と立憲制の導入』（講談社学術文庫）、『日本政治史の新地平』（編著、吉田書店）、『憲法義解』（解説、岩波文庫）。

中野目 徹（なかのめ・とおる）**【コラム9】**
一九六〇年生まれ。筑波大学人文社会系教授。日本近代史。著書『政教社の研究』（思文閣出版）、『近代史料学の射程――明治太政官文書研究序説』（弘文堂）、『明治の青年とナショナリズム――政教社・日本新聞社の群像』『三宅雪嶺』（以上、吉川弘文館）。

梶田明宏（かじた・あきひろ）【コラム10】
一九五八年生まれ。昭和天皇記念館副館長（元宮内庁書陵部編修課長）。近代日本史、皇室史。論文「酒巻芳男と大正昭和期の宮内省」（『年報・近代日本研究』20）、「大正十年皇太子海外御巡遊とメディア」（『メディア史研究』23）。

松田宏一郎（まつだ・こういちろう）【コラム11】
一九六一年生まれ。立教大学法学部教授。日本政治思想史。著書『擬制の論理　自由の不安』（慶應義塾大学出版会）、『江戸の知識から明治の政治へ』（ぺりかん社）、*Patriotism in East Asia*（編著、Routledge）。

前田亮介（まえだ・りょうすけ）【コラム12】
一九八五年生まれ。北海道大学大学院法学研究科准教授。日本政治外交史・日本近現代史。著書『全国政治の始動――帝国議会開設後の明治国家』（東京大学出版会）など。

村瀬信一（むらせ・しんいち）【コラム13】
一九五四年生まれ。文部科学省教科書調査官。日本近現代政治史。著書『帝国議会改革論』『明治立憲制と内閣』『首相になれなかった男たち』（以上、吉川弘文館）、『帝国議会――〈戦前民主主義〉の五七年』（講談社選書メチエ）。

原口大輔（はらぐち・だいすけ）【コラム14】
一九八七年生まれ。日本学術振興会特別研究員（ＰＤ）、公益財団法人徳川記念財団特任研究員。日本近代史。著書『貴族院議長・徳川家達と明治立憲制』（吉田書店）など。

櫻井良樹（さくらい・りょうじゅ）【コラム15】
一九五七年生まれ。麗澤大学外国語学部教授。日本近代政治史・都市史。著書『国際化時代「大正日本」』（吉川弘文館）、『華北駐屯日本軍――義和団から盧溝橋への道』（岩波書店）、『加藤高明――主義主張を枉ぐるな』（ミネルヴァ書房)など。

小磯聡子(こいそ・さとこ)【コラム16】

一九八三年生まれ。青山学院大学文学部助手。日本近代史。論文「台湾出兵と万国公法――欧米諸国の対応を中心に」(『日本歴史』八〇四号)、「国内政治上における万国公法――台湾出兵を例に」(『青山史学』三三号)、「小笠原諸島問題と万国公法――明治丸とイギリス軍艦カーリュー号出航のとき」(小林和幸編『近現代日本 選択の瞬間』有志舎)。

小宮一夫(こみや・かずお)【コラム17】

一九六七年生まれ。専修大学法学部ほか非常勤講師。日本近現代史。著書『条約改正と国内政治』(吉川弘文館)、『戦後日本の歴史認識』(共編、東京大学出版会)、『人物で読む近代日本外交史――大久保利通から広田弘毅まで』(共編、吉川弘文館)など。

佐々木雄一(ささき・ゆういち)【コラム18】

一九八七年生まれ。明治学院大学法学部専任講師。日本政治外交史。著書『帝国日本の外交 1894-1922――なぜ版図は拡大したのか』(東京大学出版会)、『陸奥宗光――「日本外交の祖」の生涯』(中公新書)など。

日向玲理(ひなた・れお)【コラム19】

一九八七年生まれ。青山学院大学文学部助手。日本近代史。共編『寺内正毅宛明石元二郎書翰』(芙蓉書房出版)、論文「日清・日露戦争期における日本陸軍の「仁愛主義」」(『駒沢史学』第八七号)など。

小林延人(こばやし・のぶる)【コラム20】

一九八三年生まれ。首都大学東京経済経営学部准教授。日本経済史。著書『明治維新期の貨幣経済』(東京大学出版会)。

渡邉直子（わたなべ・なおこ）【コラム21】
一九六六年生まれ。日本近代史。論文「『地方税』の創出」（『道と川の近代』山川出版社）。

高嶋修一（たかしま・しゅういち）【コラム22】
一九七五年生まれ。青山学院大学経済学部教授。日本経済史。著書『都市近郊の耕地整理と地域社会――東京・世田谷の郊外開発』（日本経済評論社）、『都市鉄道の技術社会史』（山川出版社）など。

大澤博明（おおさわ・ひろあき）【コラム23】
一九六〇年生まれ。熊本大学大学院人文社会科学研究部教授。日本政治史。著書『近代日本の東アジア政策と軍事――内閣制と軍備路線の確立』（成文堂）、『児玉源太郎――明治陸軍のリーダーシップ』（山川出版社）、『陸軍参謀川上操六――日清戦争の作戦指導者』（吉川弘文館）。

季武嘉也（すえたけ・よしや）【コラム24】
一九五四年生まれ。創価大学文学部教授。日本近代政治史。著書『大正期の政治構造』『選挙違反の歴史――ウラからみた日本の一〇〇年』（以上、吉川弘文館）、『原敬――日本政党政治の原点』（山川出版社日本史リブレット）など。

【や行】

【ら行】

【わ行】

【ま行】

【な行】

【は行】

【さ行】

【た行】

【か行】

人名索引

小林和幸 こばやし・かずゆき

一九六一年生まれ。青山学院大学文学部教授。青山学院大学大学院博士後期課程満期退学。博士（歴史学）。専門は日本近代史。著書『明治立憲政治と貴族院』（吉川弘文館、二〇〇二年）、『谷干城――憂国の明治人』（中公新書、二〇一一年）、『「国民主義」の時代――明治日本を支えた人々』（角川選書、二〇一七年）、『明治史講義【テーマ篇】』（編著、ちくま新書、二〇一八年）など。

筑摩選書 0184

明治《めいじ》史《し》研究《けんきゅう》の最前線《さいぜんせん》

二〇二〇年一月一五日　初版第一刷発行

編著者　小林和幸《こばやしかずゆき》

発行者　喜入冬子

発　行　株式会社筑摩書房
東京都台東区蔵前二-五-三　郵便番号 一一一-八七五五
電話番号　〇三-五六八七-二六〇一（代表）

装幀者　神田昇和

印刷 製本　中央精版印刷株式会社

 ISBN978-4-480-01693-5 C0321